KB245573

MB똥꾸 하이킥

자리

MB똥꾸하이킥

김어준과 뉴욕타임스를 진행하는 시사평론가 **김용민** 외 지음

정재홍 그림

자리

MB똥꾸 하이킥

2010년 5월 24일 초판 1쇄 발행
2011년 11월 24일 초판 2쇄 발행

지은이　│김용민 외
기　획　│이헌건
펴낸곳　│도서출판 자리
펴낸이　│정병인
출판등록│2007년 7월 12일 제 2007-181 호
주　소　│서울 마포구 서교동 395-99 301호
전　화　│02-332-5767
팩　스　│03030-345-5767
이메일　│book@gotomorrow.co.kr

*이 책은 시사Fun론가 김용민과 네티즌 여러분들의 힘을 모아 만들어졌습니다. 따라서 이 책의 내용에 대한 권리는 출판사와 김용민 그리고 네티즌 여러분들에게 있으며 시사에 관심 있는 국민과 네티즌 여러분은 필요하다면 10편 이내에서 얼마든지 복제 및 전재가 가능합니다. 10편 이상 복제 및 전재를 할 경우에는 미리 출판사와 협의를 거쳐 주시기 바랍니다.

*잘못된 책은 바꾸어 드립니다.
*책값은 뒤표지에 있습니다.

ISBN 978-89-961706-4-8　(03800)

웃기 전에 한 마디

1511년, 네덜란드의 인문학자 에라스뮈스는 〈우신예찬〉이란 소설을 내놓는다. '우신'은 어리석을 '우(愚)'에 신 '신(神)', 즉 '바보'라는 뜻이다. 태어날 때 울음 대신 웃음을 터뜨렸을 정도로 바보 기색이 완연한 여신 모리아가 스스로 똑똑한 줄 아는 진짜 바보들을 꾸짖는 내용이다. 진짜 바보란 누구를 말할까?

이것이다. "사냥에 미쳐 날뛰는 귀족들, 노름꾼들, 거짓말쟁이들, 죄에 대한 면죄부를 받았다고 즐거워하는 사람들, 성인 숭배자, 자기애와 아첨에 매인 시인과 문필가들, 법조문만 쌓아올리는 법률학자들, 논리학자와 수사학자, 보통 사람들이 알아듣지도 못하는 개념을 입에 담는 철학자나 신학자, 군주와 제후 그리고 교황과 추기경들."

에라스뮈스는 이들을 허위관념과 권위, 오만과 독단, 부조리와 부패로 가득 찬 진정한 바보로 낙인찍었다. 반면 이런 참 바보로부터 멸시받은 광대의 경우 인간 본래의 어리석음을 그대로 드러

내 진실을 살리고 즐거움을 배가하는 존재라며 추앙했다. 딱 500년 전 작품이건만, 이름과 직위만 몇 개 바꾸면 영락없는 현실 풍자 소설이 되겠다. 사실 그렇지 않은가. 공권력과 사술(邪術) 없이는 단 하루도 존립하기 힘든 사악한 정권과 이런 정권을 지탱하는 졸부, 재벌, 검사, 특보 출신 사장, 권력지향적 목사들이 넘쳐나는 시대이니 말이다.

따지고 보면 권력에 대한 풍자는 동서고금이 따로 없었다. 그 흔적은 민주공화정 훨씬 이전인 군주시대에서도 찾을 수 있다. 영화 <왕의 남자>가 그렸듯 서슬 퍼렇던 연산군 시절에도 저잣거리에서는 왕을 조롱하던 이들이 있었다. 김안로의 <용천담적기(龍泉談寂記)>를 보면, "모든 것을 망쳐버렸도다! 남의 웃음거리가 되어버렸구나! 더러운 행동을 하여 난잡하고 부정한 사람이 되어버렸구나!"라는 부분이 있다. 이처럼 폭군을 조롱하는 노래는 어떤 시대에도 만연(蔓延)했다.

또한 이 풍자는 김대중 노무현이라는 상대적으로 진보 성향을 띤 지도자 아래에서도 넘쳐났다. 따라서 이명박 대통령이라고 해서 이를 부정하고 외면할 수 없는 노릇이다. '그저 힘 있는 죄이겠거니' 하는 아량을 품으면 그만일 일이다. 그러나 이 정권은 이마저도 통제하고 있다. 여당 국회의원이란 사람이 코미디 프로그램의 '1등만 기억하는 더러운 세상'이라는 유행어를 막말로 몰아세워 지우라는 폭거를 서슴지 않는가 하면, 장관이란 사람은 자신의 민망한 상황을 TV화면에서 갈무리한 누리꾼을 고소하는 생희극을 연출하고 있다. 웃자고 하는 일에 죽자며 덤벼들고 있는 것이다.

　노무현 전 대통령은 힘없는 이들의 비판에 대해 관대했다. 그렇다고 자부(自負)도 하지 않았다. 동서고금을 막론하고 당연한 일이었기 때문이다. 그러나 이명박 정부는 상대가 힘이 있건 없건 반대편에 선 이들이라면 쥐 잡듯 탄압하고 있다. 왜 이럴까?

반대세력에 대한 집착에 대한 거부 본능이다. 유머도 허용하지 않을 만큼 이들은 궁지에 몰려 있다.

국민의 비판 수용도 일종의 분산투자다. 노무현 전 대통령은 임기 중 먹을 욕을 다 먹어서인지 퇴임 이후에 별다른 원성을 사지 않았다. 반면 전두환 전 대통령 같은 사람은 재임 중 자신을 빗댄 '참새 시리즈'마저 금기했다가 7년 임기를 끝낸 이후 20년이 넘는 오늘에 이르기까지 경멸과 조롱을 한몸에 받고 있다. 누가 이명박 대통령의 미래가 될까?

웃기는 책을 두려운 마음으로 내야 하는 현실이 참으로 비루(鄙陋)하다. 지도자 한 명 바뀌었다고 국격이 이렇게 추락할 줄이야. 민주주의는 결국, 달성하는 것이라기보다 유지하는 가치임을 새삼 느낀다.

나는 엮은이이다. 이 책에 나와 있는 내용 전부를 내가 창작한 것이 아니다. 많은 수의 것은 재기발랄한 누리꾼 작품을 '펌질'한 것이다. 때론 과거 정권 특히 권위주의 정부 시절에 통용됐던 유머를 주인공 이름만 바꿔 기록한 것도 있다. 이러다보니 원작자의 동의와 허락을 제대로 구하지 못했다. 원작자를 찾기 어렵고 또 이들이 익명으로 활동하는 구조 때문이다. 게다가 '이 정권이 끝나면 모를까 당대에서 MB 비판 유머를 만들었다고 떠벌렸다가 화(禍)를 입지 않을까' 걱정해 음지에 있는 이들을 양지로 인도하는 것이 적절치 않다는 생각도 이유의 하나이다.

(그러나 원작자의 권리는 언제든 존중하고자 합니다. 원작자임을 알리고 싶은 분은 언제든 출판사로 연락주시기 바랍니다. 증보판 발행 시 성함 또는 인터넷 ID 등을 정확하게 기록하는 것은 물론 적절한 원고료 등도 지급하겠습니다.)

그렇다고 이걸 사장시킬 수는 없는 법이다. 'MB 유머'가 역주행하는 대한민국 민주주의의 실체를 제대로 녹였고, 비판에 대한 저열한 탄압이 난무하는 가운데서 꽃씨 날듯 확산 또 양산되고 있으며, 무엇보다 민중이 이에 열광하고 있기 때문이다. 민주주의의 숨통은 그 어떤 권력자 탄압 아래에서도 끊어지지 않는다. 반칙이 횡행하는 세상, 성찰하는 국민이 정의가 숨 쉬는 사회를 갈망하며 만든 권력 비판적 유머는 민주주의의 생존 신호이다. 나는 그래서 이것이 유희일 뿐 아니라 기록의 가치에서도 매우 유의미하다고 본다.

'시간 죽이기'에 유용한 유머집 서문이 자못 비장했다. 극과 극은 만난다고 했다. 비장함은 즐거움과 만나게 돼 있다. 이 암울한 시기를 웃으며 회고할 날이 곧 올 것이다. 이 책은 아직 2년여나 남은 '멀미 나는 시대'를 유쾌하게 이겨내는 '시간 죽이기'용이 될 것이다.

마지막으로 이 책을 만드는 데 있어서 하나의 동인(動因)이 됐던 고 김대중 전 대통령의 발언을 남긴다.

"나는 이기는 길이 무엇인지, 또 지는 길이 무엇인지 분명히 말할 수 있다. 반드시 이기는 길도 있고, 또한 지는 길도 있다. 이기는 길은 모든 사람이 공개적으로 정부에 옳은 소리로 비판해야 하겠지만, 그렇게 못하는 사람은 투표를 해서 나쁜 정당에 투표를 하지 않으면 된다. 그리고 많은 사람들이 나쁜 신문을 보지 않고, 또 집회에 나가고 하면 힘이 커진다. 작게는 인터넷에 글을 올리면 된다. 하려고 하면 너무 많다. 하다못해 담벼락을 쳐다보고 욕을 할 수도 있다. 반드시 지는 길이 있다. 탄압을 해도 '무섭다' '귀찮다' '내 일이 아니다'라고 생각해 행동하지 않으면 틀림없이 지고 망한다. 모든 사람이 나쁜 정치를 거부하면 나쁜 정치는 망한다. 보고만 있고 눈치만 살피면 악이 승리한다."(2009. 6. 25)

2010. 5 김용민

[차 례]

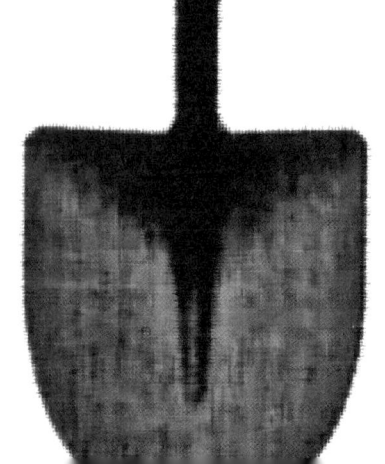

제1장 못 말리는 MB씨

∷ 발 젖었네

MB씨가 데이트를 하고 있었다.

지나가던 승용차가 물웅덩이를 밟고 물을 튀기려 하자 MB씨가

아가씨를 방패막이로 내세웠다.

다행히 물은 아가씨의 발만 적시고 말았다.

놀란 아가씨가 더듬거리며 MB씨에게 말했다.

MB… 씨 발… 젖었잖아!

∷ MB의 재치

"4대강 공사장에서 물고기 떼죽음" 기사를 본 이명박 대통령의

예상 반응.

– 죽은 상태가 아주 깨끗했다. 이건 친환경 녹색 떼죽음이다.

– 이 물고기들은 천안함 침몰 현장에서 죽은 것이다. 한강까지

거슬러 올라온 것이다.

– '이 사업이 어떻게 4대강 살리기가 되느냐'라고 묻던데, 일단 강

이 죽어야 살릴 수 있는 것 아니겠나.

:: 히트 상품

2010년 일본인이 꼽은 최고의 한국 음식에 '큰집' 주방장 MB씨의 특선 라면 3종 세트가 꼽혔다.

"독도가 니 꺼라면" "지금 때가 아니라면" "기다려 달라면"

(이외수 트위터)

:: 건강보험 민영화 이후

Q

허벅지 꿰매는 법 좀 알려주세요. 동생 허벅지가 찢어져서 피가 철철 나거든요. 병원에 갔더니 우리 건강보험은 그 병원에서 쓸 수가 없대요. 70만 원 있어야 한대요. 동생이랑 울면서 그냥 왔어요. 엄마 오면 전 죽어요. 전에 엄마가 병원 가기 힘들다고 운동 같은 거 하지 말라고 하셨거든요.

A

— 찌질한 쉐이. 그러니까 엄마 말 잘 들어야지.

— 나이가 어떻게 되는지 모르겠지만 바느질 해보셨으면 잘 하실 수 있을 거예요. 저도 님 같은 경험이 있어서 그런지 남 일 같지 않네요.

— 저는 평소에 삼겹살로 꿰매는 연습 많이 해서 그런 건 식은죽 먹기예요. 어디 사세요? 집 근처면 공짜로 서비스해줄 수도 있는데….

— 수술용 도구 싸게 파는 곳 있어요. 검색창에서 '야메천국'이라고 쳐보세요.

— 그냥 엄마한테 디지게 혼나세요. 괜히 꿰맨다고 동생 잡지 말고.

– 걱정이 크시겠군요. 생살에 바느질하면 통증 장난 아닙니다. 동생 기절할지도 몰라요. 그니까 동생한테 소주 한 병 먼저 먹이고 알딸딸해지면 바느질하세요. 수술용 도구는 약국이나 슈퍼에서 팔 겁니다. 친구 집에서 빌려와도 되구요. 직접 해보면 쉬운데 말로 설명하려니까 힘드네요. 아, 참 돈 없으면 집에 있는 바늘 소독해서 쓰세요. 엄마한테 말하지 말라고 동생 입단속 잘 시키구요.

– ㅋㅋ 나도 저런 적 있는데…. 우리집은 민영보험이라 걱정 없음. ㅋㅋㅋ

:: 오타

MB씨는 죄가 없습니다!

보면 모르겠어요?

.

.

.

.

아, 죄송합니다. 오타군요.

MB씨는 '뇌'가 없습니다.

(http://byule.com/board/?document_srl=162387)

:: 공통점

MB씨와 오바마의 공통점

– 둘 다 한국말을 못한다.

:: MB씨의 나도 한때는

나도 한때는 철거민이었다.

나도 한때는 비정규직이었다.

나도 한때는 노점상을 했다.

나도 한때는 학생운동을 하다가 감옥에도 갔다 왔다.

나도 한때는 권총 협박도 당해봤다.

나도 한때는 중국 여성을 사랑했다.

나도 한때는 못생긴 여자한테 마사지도 받아봤다.

나도 한때는 주차장 봉사도 해봤다.

나도 한때는 군대 가는 것 빼고는 다 해봤다.

:: 천안함 사고 직후

나도 한때 배를 만들어봐서 잘 아는데…

:: 댓글 1

이명박 대통령이 천안함 추모 국면의 뉴스거리를 만들기 위해 충남 아산 현충사를 방문해서, 참배를 마치고 방명록에 *必死則生*(필사즉생) *必生則死*(필생즉사)라는 글을 남겼다. 네티즌 댓글 1위는 이것이었다.

"이 말이 더 어울린다. 군필즉생 미필즉사"

:: 존경하는 인물

국사를 영어로 배우도록 하겠다고 했던 MB씨가 가장 존경한다고 밝힌 인물은?

①조지 부시 ②타이거 우즈 ③민병철 ④전교조 위원장 ⑤세종대왕

: : 조용한 대응

일본이 초등학교 모든 교과서에 '독도는 일본 땅'이라고 싣기로 결정했다.

정부의 대응은?

1. 일본을 자극하면 더 심하게 나올지 모르니까 조용히 대응한다.

2. 고등학교 국사 과목을 필수에서 선택으로 전환한다.

3. 독도는 우리 땅이라고 주장하는 집회를 못하도록 막는다.

4. 해외 언론에 독도는 우리 땅이라는 광고를 싣는 사람들을 자제시킨다.

: : 공통점 2

MB씨와 신종 플루의 공통점

1. 머리가 지끈지끈 아프고 열 받게 한다.

2. 증상이 심하면 계속 헛소리를 한다.

3. 사람들이 욕하고 피한다.

4. 마땅한 치료약이 없다.

5. 쉬는 게 여러 사람을 위해서 좋다.

: : 최홍만이 필요해

날치기 통과를 하려다 야당의 결사 방어에 막힌 한나라당이 중진
회의를 열어 대책을 논의하고 있는데 청와대로부터 전화가 걸려
왔다.

"최홍만 같은 격투기 선수를 영입해서 야당의 차단벽을 부수고
들어가는 게 어때요?"

MB씨의 훈수를 전해들은 중진 의원들은 그것이 좋겠다고 생각
하고 최홍만에게 전화를 걸어 그 뜻을 알렸다.

최홍만이 대답했다.

"한나라당이나 저나 덩치 값 못하기는 마찬가진데, 공동으로 망
신을 당하자는 겁니까?"

방송장악위원회(구 방송통신위원회)

감사원(監査院에서 感謝員으로 한자어 개칭)

좌파정보원(구 국가정보원)

세종시청(구 국무총리실)

부자기획재정부(구 기획재정부)

경쟁교육과학기술부(구 교육과학기술부)

외교진상부(구 외교통상부)

반통일부(구 통일부)

법무부(법務부에서 법無부로)

국뻥부(구 국방부)

MB안전부(구 행정안전부)

성질뻗쳐고소부(구 문화체육관광부)

농림수산식품수입부(구 농림수산식품부)

무식경제부(구 지식경제부)

허당복지부(구 보건복지부)

노동탄압부(구 노동부)

현모양처부(구 여성가족부)

국토재앙부(구 국토해양부)

:: MB씨 이력서

이름 : 명박

생각 : 천박

철학 : 척박

언행 : 경박

외모 : 호박

인심 : 야박

취미 : 구박

특기 : 윽박

의리 : 깜박

공무원 : 타박

기관장 : 압박

서민 : 핍박

사업 : 피박

투기 : 대박

범죄 : 해박

경제 : 쪽박

정치 : 도박

구속 : 임박

전망 : 희박

성금 : 협박

탄핵 : 촉박

∷ 당당한 도덕성

아래 A와 B를 읽고, 누군지 알아 맞혀 보세요.

A

– 위장전입 5차례.

– 자녀 및 운전기사 위장취업을 통한 탈세.

– 건강보험료 월 13,000원 수년간 모르쇠.

– 보유한 건물의 등록세를 12년 동안 안 내고 버팀.

– 국회의원 시절 선거법 위반(증거 은닉, 증인 도피, 위증교사 포함)으로 94년에는 의원직 중도 하차, 98년에는 당선 무효.

– 본인 소유 양재동 건물에서 성매매업소가 성업하다 기사화된 후 갑자기 '공사 중'.

– 개발정보 취득 부동산 투기.

– 현대노조위원장 납치 노조설립 방해로 노동조합법 위반.

– 건축법 위반 공개 수배 구속.

– 지방세 체납으로 6회 재산 압류.

– 고용 · 산재보험료 미납 강제 추징.

– LK이뱅크 등기이사 변경 과정에서 형법 제228조(공정증서 원본 등의 부실기재)와 지방공기업법 제61조(임직원의 겸직 제한) 위반.

– 국가공무원법 제64조(영리업무 및 겸직금지) 위반.

– 지방공무원법 제56조(영리업무의 겸직금지) 위반.

– 공직자윤리법 위반, 정치자금법 제36조 위반(회계책임자 통하지 않고 월급 제공).

– 재산 축소 신고.

– 조세범처벌법 제9조 위반.

– 임대소득 축소 신고, 소득 누락 횡령 탈세.

– 소유건축물 불법 용도변경.

– 자동차보험 사기(사고 대리 처벌).

– 친인척 여의도 면적 땅 투기.

– 무주택 직원용 현대아파트 친인척 불법 분양.

– 현대건설 대표 시절 노태우 전 대통령에게 비자금 상납.

B

"새 정부는 부정과 비리를 없애달라는 역사적 기대를 안고 있다. 도덕적 약점 없이 출범한 정권인 만큼 공직자들은 긍지를 갖고 법 집행을 엄정히 해 달라. 경제발전에 훨씬 못 미치는 우리 사회의 준법의식이 선진국 진입에 큰 장애요소다."

: : 나 MB씨 아니다!

시민법정에 출두한 MB씨와 판사 사이에 Q&A가 벌어졌다.

Q. BBK는 당신의 소유 아닌가?

A. BBK는 내 회사가 아니라 김경준의 회사다. 난 단 한 주의 주식도 가지고 있지 않다.

Q. 그럼 BBK 주식을 팔기로 한 이면 계약서는 뭔가?

A. 도장이 가짜다. 김경준이 내 도장을 위조했다.

Q. 금감위 등 여러 군데서 본인이 사용한 것과 같은 도장인데?

A. 서류가 조작된 거다.

Q. 2000년, 중앙일보 및 각종 언론과의 인터뷰에서 본인이 BBK를 창업하고 대표이사로 있다고 말하지 않았나?

A. 오보다. 의사소통의 오해에서 비롯된 것이다.

Q. 그럼 BBK로부터 183억 원이 당신의 계좌로 입금된 거래내역서는 무엇인가?

A. 다스의 회계법인이 재판과정에서 잘못된 자료를 제출한 것이다.

Q. 그럼 본인이 사람들에게 돌린 BBK 명함은?

A. 명함이 가짜다. 그런 명함 돌린 적 없다.

Q. 당신의 최측근이었던 김백준 씨도 같은 명함을 뿌리고 다녔는데?

A. 음… 사실은….

Q. 사실은 뭔가? 빨리 말하라.

A. 사실은⋯ 나 MB씨 아니다.

∷ 할 말이 없다!

"비리가 있는 인사는 선거에 출마하지 못하도록 해야 한다. 비리가 있는 인사가 선거에 당선이 되면 더 큰 비리를 저지르기 때문이다."

자, 이 말은 누가 한 말일까요?

①선관위원장 ②시민단체 ③야당 대표 ④선거법 위반 전과자

∷ 영어 몰입교육

영어를 중시하고, 영어 교육에 온 열정을 바치며, 미국인이나 영국인보다 영어를 더 잘하는 한국인을 만들려고 하는 사람은?

①민병철 ②로버트 할리 ③이참 ④오바마 ⑤MB씨

:: 한국어의 비밀

주관식 문제입니다. 다음은 MB씨가 모 대학에서 학생들을 상대로 특강한 내용입니다. 글을 잘 읽고 질문에 답하세요.

"요즘 제가 다시 한국에 돌아와서 인터넷 금융회사를 창립을 했습니다. 해서 금년 1월달에 BBK라는 투자자문회사를 설립을 하고, 이제 그 투자자문회사가 필요한 업무를 위해서 사이버 증권회사를 설립을 하기로 생각을 해서, 지금 정부에다 제출을 해서 이제 며칠 전에 예비허가 나왔습니다. 그러니까 미국에 1년 반 있는 동안에 많은 것을 생각해봐서, 제가 21세기에 맞는, 내가 이제 대한민국에 와서 인터넷 금융그룹을 만든 거죠."

자, 퀴즈 나갑니다. BBK를 설립한 사람은 누구일까요?

초등학생: MB씨네 뭐.
중학생: 아 짱나. MB씨잖아. 그걸 몰라서 물어?
고등학생: 당신 바보야?
한나라당 국회의원: 금년 1월에 BBK설립했다는 말만 있지 누가 설립했다는 말은 없다. 그러니까 BBK를 설립한 건 MB씨가 아니다.
검찰: 한국어는 어렵다. 국회의원 말대로 주어가 빠져 있기 때문에 MB씨가 BBK를 설립했다고 볼 근거가 없다.

:: 쇠귀에 경 읽기 개그

제1개그(몸개그)

서울 이문동 재래시장. '서민행보'의 첫걸음으로 시장을 찾은 MB 씨가 상인들과 악수를 하며 인사를 나눈다.

상인: "여기 상권이 지금 다 죽어 갑니다. (대형마트 때문에) 다 문 닫고…."

MB씨: (들은 척도 않고, 계속 걸음을 옮기며) "안녕들 하시죠?"

제2개그

한 구멍가게에서.

주인: "에휴."(한숨)

MB씨: "왜, 장사가 잘 안 되나요?" 하고 물은 뒤 뻥튀기 한 봉지를 들어 수행원들에게 넘기며 "야, 이것 좀 사먹어라, 야- 뻥튀기! 오랜만에 먹어본다. 나도 한때는 시장에서 장사를 했는데 말야~."

제3개그

이어서 인근 빵집.

시장 관계자: "엄청나게 장사가 잘 되는 집이었는데 지금은 다 무너져 가지고…."

MB씨: "왜 무너져요? 방학이라 학생들이 안 와서?"

제4개그

옆 과일가게에서.

가게 주인: "대형마트가 옆으로 들어오는 바람에… 저희들 같은 경우에는…."

MB씨: "여기가 대형마트보다 더 싸지 않아요?"

가게 주인: "마트보다 여기가 더 비싸죠."

MB씨: "그래요?"

가게 주인: "당연하죠. 거기는, 대형마트는 산지에서…."

MB씨: "아~ 산지에서 직접 오니까. 그럼 여기(과일 가게)도 농가하고 직접…"

답답해진 가게 주인: "근데, 물량을 소비를 못 하잖아요."

MB씨: "그렇지. 맞아. 거, 마트 때문에 이렇게 문제가 되니 큰일이네. 그래요 예."

제5개그

인근의 야채 가게에서.

가게 주인: "그냥 (대형마트 때문에) 문만 열어두는 거예요. 그냥."

MB씨: "저 사람(대형마트)들은 문 닫을 때가…. 몇 시에 문 닫나?"

제6개그

이어진 인근의 오찬장에서.

한 상인: "(대형마트가) 아주 그냥 저희들을 아주 몰살시키려고 합니다."

MB씨: "내가 노점상 할 때는 슈퍼마켓이 없었거든. 하하하. 그런데 마트를 못 들어오게 한다, 정부가 못 들어오게 하더라도 헌법 재판소에 헌소를 내면 정부가 패소를 합니다."

상인들: ????

MB씨: "직거래를 하세요. 요즘은 인터넷으로 하면은 웬만한 건 좀 양이 적어도 농촌에서 보내줍니다. 지금 농촌에도 전부 인터넷이 들어가 있어요. 내 개인이 먹고 싶은 걸 인터넷으로 다 보내주는데 시장이라고 안 보내주겠어요? 배달하는 데 돈이 얼마나 드느냐 그게 문젠데, 인터넷으로 하면 직원이 많이 필요가 없어요. 근데 여러분은 그렇게 안 하고 가까운데서 떼어다 팔려니까…"

상인들: ????(인터넷으로 물건을 사서 팔라고?)

MB씨: "재래시장은 내가…. 내가 옛날 젊었을 때 재래시장 노점상 할 때는… 우리는 그때 이렇게 만나서 얘기할 길도 없었어. 끽소리도 못하고, 가만히…. 장사 되면 다행이고 안 되면 죽고. 뭐 이렇게 모여 하소연할 데도 없었어. 지금은 그래도 뭐, (이렇게) 이야기할 데라도 있으니 좋잖아? 허허허. 좋아졌잖아, 세상이!"

∴ 공통점 3

MB씨와 포르노의 공통점

첫째, 많은 사고를 요구하지 않는다.

둘째, 애들 보여주기 무섭다.

셋째, 몰입하는 상황에서 누군가 말을 걸어오면 '지금은 곤란하다 기다려 달'고 말한다.

넷째, 주요 생산국이 일본이다.

다섯째, 못생긴 여자도 차별하지 않고 우대한다.

∷ 독일제

2010년 5월 8일자 〈세계일보〉는 "천안함을 침몰시킨 어뢰는 북한이 자체 개발한 신형 어뢰거나 중국·러시아에서 수입한 것이 아니다"라고 보도했다. 어뢰의 화약성분을 분석해보니 미국과 영국, 독일, 캐나다 등 주로 서방세계에서 널리 사용되는 것이란 얘기다. 그렇다면 '북한 소행'이라는 가설은 흔들리게 된다. 그러나 국방부는 '알리바이를 확보하기 위해 북한군이 독일제를 사다가 썼을 것'으로 보고 있다. 군 복무를 한 바 없는 이명박 대통령은 수긍할는지 모른다. 그러나 현역 판정을 받았거나 다녀온 89.4%의 국민까지 이해시킬 수는 없는 법이다. 이 기사에 달린 최고의 댓글은 다음과 같다.

"검사가 김길태를 기소하면서 '자신의 범행을 감추기 위해 타인의 정액을 사용하였다'라고 하는 꼴이다." (포털사이트 다음 ID '푸른 곰팡이' 님)

∷ 이상합니다

이상합니다. 놀이공원을 지어야 한다는 이유로, 자기 나라 수도를 지키는 전투기 보고 아쉬운 대로 돌아서 가라고 명령합니다.

이상합니다. 안보의 위기라고 하면서, 군인들 보고 4대강 정비해야 한다며 훈련하지 말고 공사하라고 합니다.

이상합니다. 천안함 희생 장병들을 '영웅'으로 추켜세우고는, 천안함이 침몰했던 그날을 '한국군 치욕의 날'이라고 합니다.

이상합니다. 뭐 그렇게 자랑스러운 일이라고 '우리 영해가 뚫렸다', '북한한테 당했다'고 떠벌리고 다니는지…. 그리고는 '그럴 리 없다'는 사람을 고소하기까지 합니다.

이상합니다. 자기 나라 군이 능력이 없으니 남의 나라 군을 보고 '전시 지휘권을 가져가라'고 간청합니다.

이상합니다. 남의 나라에게 전시 지휘권을 넘기자면서, 자기 나라 지도자한테 '전쟁하자', '핵 개발하자'고 부추깁니다.

이상합니다. 이 지도자는 미필자인데, 군대도 안 갔다 왔으면서 장군들 모아놓고 '군기가 빠졌다'며 큰소리를 칩니다.

그런데 진짜 이상한 게 또 있습니다. 이 나라 국민은 어떻게 된 게, 안보 위기만 일어나면 이런 이상한 인간들이 미덥다고 합니다.

너무 이상하면 비웃기도 하고 욕하기도 하는데, 이러는 저보고 '그러다 해코지 당하는 거 아니냐'고 걱정합니다.

아, 진짜 진짜 이상합니다.

:: MB2의 모든 것

모델명 MB2(일명 이명박 MP3)

상세 스펙

- 2.0인치 MBOLED

(MB자체 유기 발광 다이오드)

- 내장 메모리 2.0MB

- 외장 메모리 슬롯

(Micro SD. 최대 2MB 추가 가능)

- 4대강 칩셋 적용

(최대 2초씩 싱크 밀림 현상 있음)

- 기본 수록곡

MB씨 1집- 실용주의

1. Intro(feat. 대운하)

2. 동반자(feat. 부시)

3. 너는 내 운명(feat. 안상수, 정운찬)

4. 불치병(feat. 광우병)

5. 군면제(feat.스티브 유)

6. 지독한 사랑(feat. 일왕)

7. 오빠 한번 믿어봐(feat. 박근혜)

8. 다 줄 거야(feat. USA)

9. 나의 살던 고향(feat. 오사카)

10. Driver's high(feat. 골프 카트)

11. The name(feat. 츠키야마 아키히로)

12. 잊었니(feat. BBK)

13. 아프지 마(feat. 건보 민영)

14. 너 올 때까지(feat. 일왕)

15. 용서할게(feat. 일본)

16. 내 사람입니다(feat. 부시)

:: 명텐도

일본의 닌텐도를 따라잡으라는 MB씨의 긴급 지시에 따라 만들어진 대한민국 최고의 게임 팩 명텐도의 모든 것.

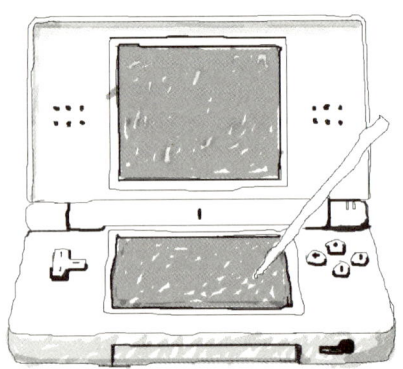

MYUNGTENDO **MB2**

– MB씨의 뜻을 받들어!

명텐도 MB2

위대하신 영도자 MB씨의 주옥같은 말씀을 받들어 새롭게 출시한 초딩용 게임기입니다.

– MB씨의 위대한 의견 반영

왼쪽으로 가는 것을 싫어하는 MB씨의 뜻을 받들어 왼쪽으로 가는 버튼 삭제.

빨간색을 싫어하는 MB씨를 위해 붉은 색상 완전 제거.

– 뉴라이트 기본 장착

일본산 짝퉁 조명인 뉴라이트를 채택하여 어두운 지하 벙커에서도 MB씨가 게임을 즐길 수 있도록 하였습니다.

– 2MB 기본 메모리 장착

대용량 2MB 내장 메모리를 장착하였습니다.(확장 불가)

구입방법: 명박도에 가면 살 수 있습니다.

1. **가격:** 7만4천7백원(일명 747)
2. **기능:** 게임 기능, 무선랜, 와이파이, 투터치 더블 스크린, MP3, 동영상
3. **출시:** 2008년 2월
4. **게임 팩 종류:** 촛불 끄기, MB 사수 대작전, 방송 장악 대작전, 대운하 파기 ver 1.0, 사대강 파기 ver 1.1, 독도는 우리 땅? 역사 뒤집기 등등.
5. **차후 개발 예정 게임:** 청와대 사수 작전, 부도덕한 시민을 제압하라– 워터랜드편과 파이어랜드편.
6. **주의:**
a. 내장된 배터리 사용 시간이 20분 내외로 짧습니다. 따라서 콘센트 주위에서 플레이하는 게 좋습니다.

b. 잔고장이 많습니다. 손에서 떨어트리는 즉시 산산조각으로 분해될 가능성이 높습니다.

c. A/S가 거의 불가능합니다. A/S센터가 청와대 내부에 있기 때문에 들어가기가 좀 불편하기 때문입니다.

d. 교환, 반품, 환불이 되지 않습니다. 따라서 제품 선택 시 신중하셔야 합니다.

e. 제품 겉면에 청와대 마크가 없는 것은 진품이 아니므로 잘 고르셔야 합니다.

제2장 한(국)나라 국어사전

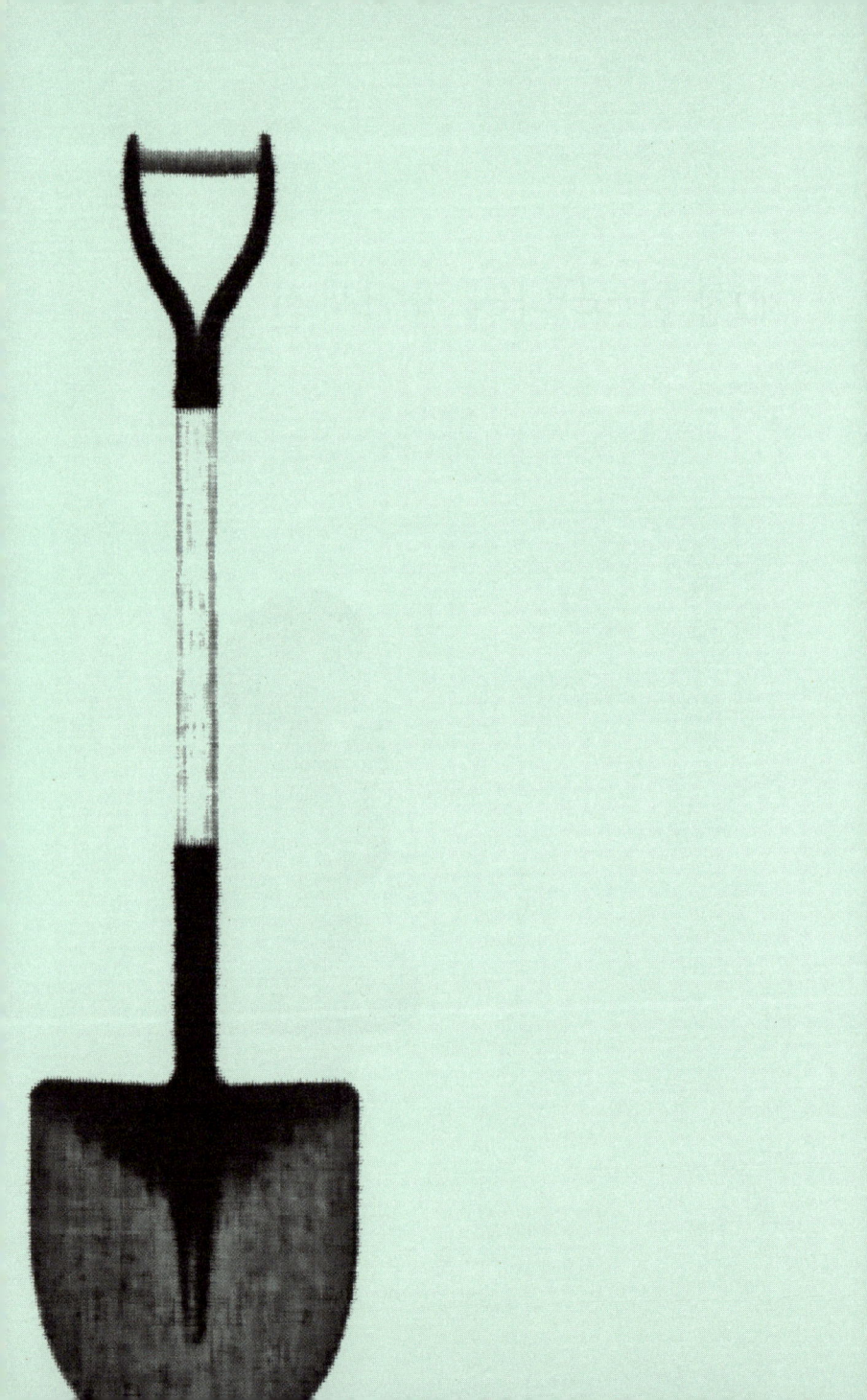

:: 우측통행의 이유

Q

안녕하세요. 지식인 여러분.

갑자기 궁금한 게 생겨서요.

요즘 지하철 계단에 보면 좌측통행이 아니라 우측통행이라고 되어 있던데 그 이유가 뭔가요?

A

우측통행으로 바꿔야 하는 가장 큰 이유는 안전 때문입니다.

우리나라는 MB씨 이후 죄다 오른쪽으로만 돌고 있습니다.

따라서 좌측통행을 하면 고소 고발 등 사고의 위험이 항상 존재합니다. 우측통행 시 고발율이 90%나 줄어든다고 합니다.

· 명쾌한 답변 감사드립니다. 되도록 오른쪽으로 다니도록 할게요. 감사합니다.

:: MB씨의 **명언록**

· 내 삽질에 불가능이란 없다.

· 나는 삽질한다, 고로 나는 존재한다.

· 내일 세상이 망할지라도 나는 오늘 4대강을 파헤치겠다.

· 네 삽을 알라.

· 삽질은 성공의 어머니.

· 발 없는 삽이 천리를 파헤친다.

· 로마에 가면 로마의 삽을 따르라.

· 삽 없이도 살 사람.

· 네 이웃의 삽을 탐하지 말라.

· 왼쪽 손이 삽질하는 것을 오른손이 모르게 하라.

∷ MB씨의 단어장1

개그

명사) 개 같은 야그.

예) 국민들은 MB씨의 개그에 뿔이 날 대로 났다.

비보호좌회전

명사) 대한민국에서 좌파는 보호받지 못한다.

섬기다

동사) 알아서 까다.

예) MB씨는 오늘 라디오 연설에서 국민을 섬기는 자세를 잃지 않겠다고 약속했다.

낮은 자세로 섬기다

동사) 억압하고 핍박하여 못살게 굴다.

예) 촛불집회가 한창이던 때, MB씨는 명박산성을 건축하고 물대포를 쏘는 등 국민을 낮은 자세로 섬기겠다는 약속을 지켰다.

예우

명사) 예의를 지키어 정중하게 죽음에 이르게 함.

예) MB씨는 노무현 전 대통령의 수사 담당 검사에게 최대의 예우를 갖추어 대하라고 지시했다.

: : MB씨의 **단어장 2**

착한자식(着韓子息): 한국에서 살고 있는 성실한 사람.

호로자식(好露子息): 러시아를 좋아하는 사람.

미친자식(美親子息): 미국과 친하고 싶어하는 사람.

: : MB씨의 **단어장 3**

약속

명사) 약간씩 속이다.

예) 저는 약속을 지키는 사람입니다. 제가 대통령이 되면 세종시를 원안 그대로 추진하겠습니다.

정의

명사) 정치가 개입하면 의심스러워진다.

예) MB씨는 오늘 라디오 연설을 통해 "우리는 도덕적 '정의'를 가지고 집권했으므로 매사에 자신감을 가지고 일을 추진하라"고 당부했다.

::MB씨의 **단어장** 4

강부자

명사) 강남의 부동산 자산가를 일컫는 말로 MB씨 정부에서는 때때로 '서민'과 동의어로 쓰인다.

예) MB씨는 오늘도 강부자를 위한 친서민 정책을 펼치고 있다.

고소영 S라인

명사) MB씨가 가장 사랑하는 사람들의 모임. 고려대와 소망교회, 영남권 출신이면서 서울대 혹은 서울시청 출신이면 금상첨화다. 원조 고소영과 함께 술자리 안주로 곧잘 등장한다.

: : MB씨의 단어장 5

만수무강(萬洙無姜)

'만수(萬洙)는 강(姜)씨 집안에 없다(無)'는 뜻. 만수 씨가 워낙 ×
팔리는 짓을 많이 해서 가문에서조차 그의 존재를 부인할 때 쓰
는 말.

: : 생활의 지혜

평소 경제, 정치, 사회, 문화에 대한 높은 식견을 보여주고 있는
MB씨가 룸살롱이나 마사지 숍에서 최상의 서비스를 받을 수 있
는 품격 높은 생활의 지혜를 알려주었다.

"예쁜 아가씨 말고, 조금 덜 예쁜 아가씨를 고르는 게 선수들의
지혜죠. 예쁜 아가씨들은 이미 남자들이 거쳐 갈 만큼 거쳐 갔고,
서비스도 안 좋거든. 근데, 조금 덜 예쁜 아가씨들은 자기를 선택
해준 게 너무 고마워서 성심성의껏 서비스를 해준단 말이죠."

한편 MB씨의 '생활의 지혜'가 널리 알려지면서 마사지 걸 사이에서 '조금 덜 예쁘게' 보이는 성형이 유행하고 있다고 한다. 또, MB씨로부터 직접 생활의 지혜를 전수받은 동석 기자들은 그동안 MB씨가 밝힌 생활의 지혜를 모아 곧 책으로 묶어낼 예정이다.

:: MB씨의 도시락

한 기자가 결혼을 앞두고 MB씨를 찾아왔다.

"저 이번에 결혼합니다."

"아, 그래요 축하합니다. 그런데, 신혼여행은 어디로 가나요?"

"동남아로 갈 예정입니다."

"동남아요? 거 참 이상한 양반일세?"

"아니, 왜요?"

"식당 가면서 도시락을 왜 싸가지고 갑니까?"

"???"

:: 뇌물과 떡값

초등학생들이 아쿠아랜드로 소풍을 갔다. 마침 수족관 속에서는 스킨스쿠버가 물고기들에게 먹이를 주고 있었다.

송사리처럼 작은 물고기들에게 먹이를 뿌려주자 갑자기 한 아이가 소리쳤다.

"야, 뇌물 먹는다! 뇌물!"

잠시 후 상어처럼 큰 놈들에게 먹이를 뿌려주자 다시 그 아이가 소리쳤다.

"야, 떡값 먹는다! 떡값!"

선생님이 아이에게 물었다.

"너, 대체 그게 무슨 소리니?"

아이가 대답했다.

"우리 아빠가 그러시는데요. 송사리가 먹는 건 뇌물이고, 큰놈들이 먹는 건 떡값이래요."

:: 시위대의 배후

MB씨가 경찰청장을 불러 시위대 가운데 주동세력을 골라내는 지침을 알려주었다. 그날 이후, 시위대는 전원 구속 수사를 받게 되었다. MB씨가 알려준 주동세력 감별법은 아래와 같다.

시위대의 맨 앞에 있으면 → 주동세력

시위대의 중앙에 있으면 → 핵심세력

시위대의 뒤쪽에 있으면 → 배후세력

시위대의 왼쪽에 있으면 → 좌익세력

시위대의 오른쪽에 있으면 → 위장세력

시위에 참여하지 않고 구경만 하면 → 묵시적 동조세력

서지 않고 앉아서 시위를 구경하면 → 좌경세력

: : 빵이 아니면…

프랑스

프랑스 국민: 우리에게 빵이 아니면 죽음을 달라!

마리 앙뜨와네트: 빵이 없으면 고기를 먹어라.

한국

국민: 폭설이 쏟아진다. 교통대책을 내놓아라.

MB씨: 눈이 오면 지하철 타면 된다.

국민: 학원비가 너무 비싸다. 학원 대책을 세워달라.

MB씨: 학원을 안 보내면 된다.

:: MB씨의 언론관

대한민국 신문은 딱 3가지가 있다.

좋은 놈: 조선일보, 중앙일보, 동아일보

나쁜 놈: 한겨레, 경향신문, 오마이뉴스, 프레시안

이상한 놈: 한국일보, 서울신문

:: 구국의 결단

MB씨의 아들이 MB씨에게 물었다.

"아빠, 변절자가 뭐야?"

"우리 당에 있다가 다른 당으로 가는 사람들이지."

다시 아들이 물었다.

"그럼 다른 당에 있다가 우리 당으로 오는 사람도 변절자야?"

"아니지. 구국의 결단을 내린 분들이지."

제3장 패러디가 아니면 죽음을!

∴ 남으로 운하를 내겠소

남으로 운하를 내겠소.

낙동강 한참같이

괭이로 파고

호미론 터널을 뚫지요.

전문가가 반대한다 관둘 리 있소.

국민의 반대는 헛소리로 들을라오.

미국산 쇠고기가 익걸랑

함께 와 자서도 좋소.

왜 파냐건,

웃지요.

∴ 공무식우가 公無食牛歌

公無食牛(공무식우)   님아 그 소를 먹지 마오.

公竟食牛(공경식우)   님은 그 소를 먹어 버렸네.

穿腦而死(천뇌이사)   뇌가 뚫려 돌아가시니.

當奈公何(당내공하)   가신 님을 어이 할꼬.

:: 퀴즈

다음 시를 읽고 아래 질문에 답하시오.

가지 않은 길 / MB씨 프로스트

지붕이 파란 집 앞에 길이 두 갈래 갈라져 있었습니다.
안타깝게도 나는 두 길을 갈 수 없는 2MB로서 오랫동안 서서
한쪽 길이 광화문 광장 속으로 꺾여 내려간 데까지,
바라볼 수 있는 데까지 멀리 보았습니다.

그리고 반서민의 길을 택했습니다.

그럴 만한 이유가 있었습니다.

거기에는 썩은 내가 더 우거지고 사람이 걸은 자취가 적었습니다.

그 길을 감으로써 거의 박정희 · 전두환과 같아질 것입니다만,

그날 아침 반서민 쪽 길은 시민들을 짓밟은 자취가 많아

서민 나부랭이에게 더럽혀지지 않은 채 잘 보존돼 있었습니다.

길은 다른 길에 이어져 끝이 없었으므로

내가 임기 후에 청와대 초대받을 수 있을지 의심하면서

훗날에 훗날에 나는 어디에선가(아마도 빵?) 한숨을 쉬며 이 이야기를 할 것입니다.

그 지붕 파란 집에 두 갈래 길이 갈라져 있었다고

나는 독재자들이 주로 간 길을 택하였고

그것으로 해서 모든 것이 달라졌다고.

그럼 퀴즈 나갑니다!

MB씨가 가겠다는 그 길은 어떤 길일까요?

① 이런제길

② 빠가야路

③ 벼랑길

④ 황천길

∷ 명박산성

명박산성 높다 하되

하늘 아래 컨테이너로다.

오르고 또 오르면 못 오를 리 없건마는

사람이 제 아니 오르고 물대포만 무섭다 하더라.

:: 한시로 보는 MB씨

입만열면구라 立萬列面九喇

(만 개의 대열 앞에 선 아홉 나팔수들)

심심하면삽질 心深何眠揷質

(마음 깊은 곳 어찌 쉬고 싶은 생각이 없으랴만)

사년이나남아 思秊異那男兒

(남아의 나아갈 길이 어찌 다르다 생각하겠는가!)

국민만불쌍해 國民蠻拂雙邂

(나라와 백성을 위해 오랑캐를 물리치고 서로 만날 날을 기다리네)

:: 너에게 묻는다

광우병 쇠고기 함부로 발로 차지 마라.

너는

누구에게 한 번이라도 미쳐본 사람이었느냐.

: : MB복음 14장- 상수가 스스로를 세 번 부인하다

27 MB께서 제자들에게 이르시되 너희는 다 머리가 나빠, 나를 닮아 삽질하는 데에만 일가견이 있으니 기록된 바 낚싯바늘이 빠져나간 후 3초 후면 다시 무는 금붕어와 같으니라 하니라.

28 우리 모두 촛불 때 죽다 살아났어도 죄다 까먹었으니 나는 이제 4대강으로 가리라 하매

29 상수가 분연히 일어나 여쭈오되 다 돌대가리일지라도 나는 그렇지 않나이다.

30 MB께서 측은히 여겨 가라사대 내가 진실로 네게 이르노니 앞으로 닭이 두 번 울기 전에 네가 너 스스로를 세 번 몰라보는 치매에 걸리리라.

31 상수가 힘 있게 말하되 나는 일찍이 고시에 패스하여 전직 대통령과 연수원 동기였을 만큼 지혜로우니 내가 가끔 삽질은 할지언정 어찌 치매에 걸려 기억을 잃겠나이까. 그럴 리 없나이다 하고 뭇 사람들도 그래도 그가 사람을 낚는 검사였는데 쉽사리 치매에 걸리랴 쑥덕거리니라.

32 저희가 4대강이라 하는 곳에 이르매 MB께서 제자들에게 이르시되 나의 삽질할 동안에 너희는 그를 널리 알리고 반대하는 이들의 싹을 즈려밟으라 하시고

33 천주교와 불교와 일부 기독교까지 반기를 드매 심히 놀라고 슬퍼하사

34 말씀하시되 내 마음이 심히 고민하여 애통하게 되었으니 너희는 여기 머물러 깨어 있으라 하시고

35 조금 나아가사 땅에 엎드리어 될 수 있는 대로 반대가 지나가기만을 기다리며

36 가라사대 삽이여 자고로 한국에서는 땅 파면 돈이 되었나니 이 땅을 나로 하여금 파헤치게 하옵소서. 그래서 나의 원대로 강을 호수가 되게 하옵소서 하시고

37 돌아오사 제자들의 자는 것을 보시고 상수에게 말씀하시되 상수야 자느냐 네가 한시 동안도 깨어 있을 수 없더냐.

38 반대에 지지 않게 깨어 있어 삽질하라. 좌파 교육이 길태를 길렀다는 삽질은 가상하였으되 아직은 믿음이 약하도다 하시고

39 다시 나아가 동일한 동작으로 삽질하시고

40 다시 오사 보신즉 또 상수 일행이 자니 이는 늦게 일어나는 새라 저희가 얼리 버드를 따라잡지 못하느니라. MB께서 일찍 일어나는 새가 더 많이 흙을 파느니라 하시고

41 세 번째 오사 저희에게 이르시되 이제는 깨어 일어나라. 때가 왔도다. 보라 MB가 반대자들의 입속에서 MB껌이 되느니라.

42 일어나라 함께 가자. 보라 천주교의 주교들과 불교의 승려들과 나의 형제들인 기독교 목사들과 온 나라 백성이 나를 밟으려 하느니라.

43 말씀하실 때에 천주교 신부님들과 불교의 스님들과 기독교 목사님들과 농민들과 환경단체가 파송한 무리가 플래카드와 마이크를 들고 득달같이 오니라.

44 부처를 섬기는 자 중 지체 높은 이 하나가 상수와 안면이 있어 상수가 짝짜꿍하고 가로되 어찌 서울 한복판 강남의 부자 절의 주지를 좌파로 둘 수 있느냐고 큰소리로 외치고 MB의 역사를 위하여 그를 찍어내고 그 직을 환수하라 으름장을 놓으니 그 자리에 김가라는 자도 있었더라.

45 그게 누구냐 하니 용산의 좌파 도심 테러리스트 사망자에게 1억씩이나 돈을 갖다 바친 봉은사 주지 명진이라 하며 손가락질 하니

46 조계종 당취(땡초의 어원이나 실은 좋은 뜻임)들이 갑자기 봉은사를 직영사찰로 만들어 서울 남북을 잇는 포교 벨트를 만들겠노라 명진을 붙들고 주지직을 환수한다고 소동을 벌이거늘

47 곁에 섰던 봉은사 신도들이 욕설을 퍼부으니라.

48 명진 스님이 무리에게 말씀하여 가라사대 삽질하는 자에게는 귀가 없고 입만 있으니 저들이 삽과 돈궤를 가지고 나를 잡으러 나왔도다.

49 내가 날마다 너희와 함께 불전에 있어서 절의 회계를 투명하게 하고 부처님의 가피를 세상에 퍼뜨려 약자를 돕고 강자를 깨우치고자 하였거늘 네 힘이 있다고 이리도 말을 악하게 하느냐. 너는 검사였으니 말로 구형을 때려 사람을 잡았을진저 말(言)로 흥한 자는 말로 망하리라! 갈~~~~~을 부르짖으니

50 혼비백산한 제자들이 다 MB를 버리고 도망하니라. 상수도 예외가 아니니라.

51 조계사 당취들은 포교 벨트를 두르고 서 있다가 분노한 무리에게 잡히매

52 포교 벨트는 물론 팬티 끈까지 풀고 도망가더라.

53 저희가 4대강에 이르러 플래카드를 드니 온 나라 백성이 다 모이더라.

(중략)

66 상수가 한나라 대표실에 있다가 담배 한 대 피우러 나오니

67 상수의 불 빌리는 것을 보고 명진이 주목하여 가로되 너는 분

명히 나더러 좌파라 했느니라. 나는 병장 제대하였고 내 동생은 해군으로 훈련 중 순직하여 동작동 묘지에 있거늘 네가 왜 나를 좌파라 하였느냐. 동혁이 형 표현을 빌려서 좌파가 무슨 길바닥에 굴러다니는 감자탕 뼈다귀더냐? 아무 개나 다 물고 다니게. 너는 내가 왜 좌파인지 말하여 보라 하매

68 상수가 부인하여 가로되 나는 네가 말하는 것이 무엇인지 당신이 누구인지 알지도 못하고 깨닫지도 못하겠노라. 모르는 사람한테 무슨 얘기를 하겠는가 하고 대표실로 들어가려 하매

69 명진이 그 뒷덜미를 잡고 내가 일찍이 관악산 연주암에 있을 때 너는 몇 번 올라와서 나와 무릎 맞춤하며 대화하지 않았더냐. 손학규와 왜 그리 친하냐며 묻지 않았더냐 캐물으니

70 상수는 또 치매에 걸려 나는 너를 본 적이 없노라 부인하더라. 또 조계종 총무원장과 국회의원 고씨와 밥 먹을 때에도 좌파 운운한 적은 없노라 또 강력 부인하더라. 곁에 있는 사람들이 저 머리로 어떻게 고시가 되었을꼬 대한민국 고시 제도의 문제점을 개탄하는데 닭이 울더라. 이 닭은 "엽기요~~~~" 하고 울더라.

71 다시 해가 떴을 때 상수가 저주하며 맹세하되 나는 너희의 말하는 이 사람이 좌파임을 알지 못하며 그리 말한 적도 없노라 하니 총무원장 자승과 국회의원 고씨가 밥 먹을 때 함께 있었던 김가가 도무지 이해할 수 없다는 듯 혀를 차다가 갈잖다는 듯 소리 지르니 네 하는 말을 내 귀로 똑똑히 들었는데 네 지금 아니라 하니 우리 둘 중 누가 치매에 걸린 것이냐 하고 묻더라.

72 이때 닭이 곧 두 번째로 "엽기요~~~~" 하면서 울더라. 이에 상수가 MB께서 자기에게 하신 말씀 곧 닭이 두 번 울기 전에 네가 세 번 치매에 걸리리라 하심이 기억되어 생각하고 울었더라.

∷ 나그네

강남대교 건너서
소망교회를

곳간에 쥐 가듯이
가는 MB씨

길은 외줄기
대운하 삼천리

삽질하는 마을마다
타는 투기열

곳간에 쥐 가듯이
가는 MB씨

:: 소감도

13마리의 미국 소가 한국으로 질주하오.
(목적지는 군부대가 적당하오)

제1의 미국 소가 미쳤다고 그리오.
제2의 미국 소도 미쳤다고 그리오.
제3의 미국 소도 미쳤다고 그리오.
제4의 미국 소도 미쳤다고 그리오.
제5의 미국 소도 미쳤다고 그리오.
제6의 미국 소도 미쳤다고 그리오.
제7의 미국 소도 미쳤다고 그리오.
제8의 미국 소도 미쳤다고 그리오.
제9의 미국 소도 미쳤다고 그리오.
제10의 미국 소도 미쳤다고 그리오.
제11의 미국 소도 미쳤다고 그리오.
제12의 미국 소도 미쳤다고 그리오.
제13의 미국 소도 미쳤다고 그리오.

십삼 마리의 미국 소는 미친 소와 미쳐버린 소와 그렇게뿐이 모였소.
(다른 질병은 없는 것이 차라리 나았소.)

그중에 1마리의 미국 소가 수입되어도 좋소.

그중에 2마리의 미국 소가 수입되어도 좋소.

그중에 1마리의 미국 소가 광우병이어도 좋소.

그중에 2마리의 미국 소가 광우병이어도 좋소.

(목적지는 학교 식당이라도 적당하오)

13마리의 미국 소가 30개월 미만의 소가 아니라도 좋소.

∴ 서지가 鼠旨歌

鼠何鼠何(서하서하)　　쥐야, 쥐야

首其現也(수기현야)　　머리를 내어 놓아라.

若不現也(약불현야)　　내어 놓지 않으면,

燔灼而喫也(번작이끽야) 구워서 먹으리.

∷ 촛불 헤는 밤

견찰이 막고 있는 광화문에는
촛불들로 가득 차 있습니다.
나는 아무 걱정도 없이
거리의 촛불들을 다 속일 듯합니다.

가슴 속에 하나 둘 떠오르는 사기를
지금 다 못 치는 것은
쉬이 아침이 오는 까닭이요
내일 밤이 남은 까닭이요
아직 나의 임기가 한참이나 남아 있는 까닭입니다.
촛불 하나에 거짓말과
촛불 하나에 빠큐와
촛불 하나에 기만과
촛불 하나에 위장과
촛불 하나에 컨테이너와
촛불 하나에 부시사마, 부시사마,

부시사마, 나는 촛불 하나에 내가 좋아라 하는 말 한마디씩 불러
봅니다. BBK 때 책상을 같이 했던 경준이의 이름과 에리카 킴,
임연숙, 이런 이국 소녀들의 이름과, 얼굴이 못생긴 마사지 걸들
의 이름과, 돈 많은 이웃 사람들의 이름과, 컨테이너, 뉴라이트,

대운하, 747, 미국소,

'불함시수 문열', '라이어 조중동' 이런 소설가들의 이름을 불러 봅
니다.

이네들은 너무나 멀리 있습니다.
촛불이 아스라이 멀 듯이.

부시사마, 그리고 당신은 멀리 백악관에 계십니다.

나는 무엇인지 그리워
이 많은 촛불 빛이 내린 청와대 뒷산 위에
'대운하'라 써 보고
흙으로 덮어 버리었습니다.

딴은 밤을 새워 외치는 촛불에는
촛불값 댄 배후가 있는 까닭입니다.

그러나 배후를 찾아 조지고 촛불 빛이 사그라지면
청계천에 파란 녹조류가 피어나듯이
'대운하' 묻힌 언덕 위에도
자랑처럼 삽질 소리 무성할 거외다.

:: 보복공격 안 됩니다

정부와 여당이 천안함을 북한이 어뢰로 공격한 것으로 몰고 가고 있네요. 사실, 북한이 현실적으로 가장 유력한 용의자죠. 정부의 의심, 존중합니다. 그러나 보복공격은 절대 안 됩니다. 정부 발표 대로라면 우리는 북한을 공격해봤자 '털리기'만 할 뿐입니다. 그렇지 않습니까?

부서진 창문이 없어도 북한의 어뢰 기술이 그것을 가능하게 한다네요.

고막이 터지지 않아도 북한의 어뢰 기술은 그것을 가능하게 한다네요.

코피가 나지 않아도 북한의 어뢰 기술은 그것을 가능하게 한다네요.

화재가 나지 않아도 북한의 어뢰 기술은 그것을 가능하게 한다네요.

열 감지기에 감지가 안 되어도 북한의 어뢰 기술은 그것을 가능하게 한다네요.

어뢰 파편이 발견되지 않아도 북한의 어뢰 기술은 그것을 가능하게 한다네요.

죽은 물고기가 발견되지 않아도 북한의 어뢰 기술은 그것을 가능하게 한다네요.

부유물이 발견되지 않아도 북한의 어뢰 기술은 그것을 가능하게 한다네요.

물기둥이 솟지 않아도 북한의 어뢰 기술은 그것을 가능하게 한다네요.

생존자들 또 희생자들 너무나 멀쩡한 것도 북한의 어뢰 기술은 그것을 가능하게 한다네요.

이렇게 신출귀몰하는 북한하고 싸워봤자입니다. 소리 소문 없는 아군의 궤멸, 확실합니다.

∷ 명박도

우리나라에는 정말로 많은 섬들이 있습니다. 그 가운데에는 아직까지 정체가 밝혀지지 않은 섬들도 상당히 있는데, 최근에 그동안 신비에 싸여 있던 한 섬이 드디어 베일을 벗으면서 많은 관심이 집중되고 있습니다. 그 섬의 이름은 바로 명박도!

명박도의 자연과 지리

명박도의 위치에 대해서는 지리학자들도 아직까지 정확한 지점을 밝혀내지 못한 상황입니다. 다만, 동해와 남해 사이에 있다는 전설의 바다, '오해' 안 어딘가에 있다는 사실만 알려져 있습니다.

명박도에 가기 위해서는 배편을 이용해야 하며, 육지에서 승차표인 '홍준표'를 끊고 정기여객선인 '조윤선'을 타야 하는데 '홍준표'를 내고 '조윤선'에 타면 선원이 팔뚝에 확인 도장인 '대변인'을 찍어 줍니다. 이게 지워지면 선원들이 무임승선이라고 바다에 던져 버리니 조심해야 합니다. '조윤선'을 타고 배편으로 반나절쯤을 가면 명박도의 중심 포구인 '허위사실유포'에 다다릅니다. 배에서 내리면 포구와 중심부를 잇는 길인 '추부길'을 따라서 명박도의 명차인 '지하방카'를 타고 명박도를 여행하게 됩니다. 사람들은 관광객들에게는 친절한 편이라 "아이고, 어디 있다가 '이재오'시나! 놀다 가~!" 하고 반갑게 맞아들입니다.

먼저 명박도에는 높이 솟아 있는 두 개의 봉우리가 있습니다. 이 봉우리는 각각 '줄파산'과 '줄도산'으로, 명박도의 명물이라 할 수 있습니다. 사람이 살기 위해서는 식수가 필요하게 마련인데, 명박도의 두 봉우리에서는 각각 마르지 않는 식수가 나오고 있습니다. 이 두 식수의 이름은 각각 '어청수'와 '한승수'인데, 주로 '어청수'가 인기가 좋고 '한승수'는 있는지 없는지 모르는 사람들도 많습니다. '어청수'가 워낙 유명하다 보니 '어청수'가 나오는 발원지 주변에는 음식점과 술집도 눈에 뜨입니다. 여름에 워낙 시원해서 많은 사람들이 찾는 대폿집인 '물대포'는 그중에서도 가장 유명한 곳입니다.

그런데 명박도에는 물이 한 가지 더 있습니다. 그 물의 이름은 '강만수'인데, 워낙 수질이 나빠서 사람은 도저히 먹을 수 없을 정도입니다. 하지만 일부 사람들은 이 물이 마셔도 문제가 없다면서 끼고 살기도 합니다. 심지어는 이 물에서 물고기가 살고 있다면서 이 물고기를 잡아서 뜬 회인 '소망교회'를 즐기는 사람들도 있습니다. '강만수'를 잘도 마시고 사는 이 종족은 'F족'이라고 부르는데, 늘 자신을 일컬어 'I am F'라고 부르는 버릇에서 유래되었다고 합니다. 최근 이 종족이 세력을 넓히고 있어서 명박도 주민들에게 위협이 되고 있습니다. 특히 'F족'은 최근 들어서 신형총탄인 '경제파탄'을 개발한 것으로 알려져서 더욱 위협이 되고 있습니다. 'F족'에게는 또다른 별명이 있는데 키가 아주 작고 장난을 좋아하는 개구쟁이라서 '개구쟁이 스와프'라고도 부릅니다.

하지만 전설에 따르면 명박도에는 이런 물보다 훨씬 질이 좋은 물이 흐르는 강인 '주가 3천'이라는 강이 있다고 합니다. 그러나 그저 말로만 존재할 뿐, 정말 '주가 3천'이 있는지는 도통 찾을 수가 없어서 역사학계에서는 아무래도 뻥인 것 같다는 쪽으로 정리되고 있습니다. 일설에는 수질이 영 나빠서 물고기도 살지 않는 강인 '비핵개방 3천'하고 헷갈리는 것 아니냐는 주장도 있습니다.

명박도에는 유명한 호수인 '신지호'가 있으며 한 가지 이상한 풍습은 이 '신지호'를 보러 오는 사람들은 아무리 춥거나 감기가 걸렸어도 마스크를 쓰는 게 절대 금지되어 있습니다. '신지호' 주변에는 늘 낮은 구름이 끼어 있어서 절경을 이루는데, 관광객들은 이 멋진 구름을 '뉴타운'이라고 부릅니다. 이 '신지호'에는 '미디어'라는 물고기가 사는 것으로 유명한테 특히 이 물고기의 위장이 무척 맛있는 것으로 유명합니다. 그래서 사람들은 이 부위를 특별한 위라는 뜻으로 '미디어특위'라고 부르며, 이 부위로 끓인 국인 '정병국'을 파는 식당이 '신지호' 주변에 즐비합니다.

한편 명박도에는 천연자원도 상당히 매장되어 있는 것으로 알려져 있습니다. 특히 금의 일종인 '쌀직불금'은 많은 사람들 사이에 보물찾기 열풍을 불러일으키면서 공무원이고 부자들이고 마지막

한 알까지 모조리 쓸어가 버렸다고 할 정도로 값비싼 귀금속이었다고 합니다. 또한 옥의 일종인 '전여옥'도 있는데 이상하게도 이 '전여옥'으로 구슬을 만들어서 은쟁반에 굴려 보면 은쟁반에 옥구슬 굴러가는 소리는커녕 육식동물 풀 뜯어먹는 듣기 싫은 소리만 나서 별 인기가 없습니다.

물론 명박도에도 다양한 동물들이 서식하고 있습니다. 특히 한국에서는 멸종된 것으로 여겨졌던 호랑이가 명박도에 살고 있는 것으로 밝혀져서 밤이면 명박도에 '전과14범'의 포효 소리가 진동한다고 합니다. 조류로서는 화려한 날개로 유명한 '검새'가 명박도의 이름난 명물입니다.

명박도의 농축수산업

명박도는 좋은 파가 나는 것으로 유명합니다. 특히 '친일파'와 '우파'는 명박도의 특산물로 유명합니다. 하지만 이 파들은 쉽게 시드는 문제점이 있어서 특별한 통에 담아야만 오래 갑니다. 그래서 명박도에서는 '친일파'와 '우파'를 '수구꼴통'에 담아서 외지로 내보냅니다. 최근에는 신품종인 '경제한파'도 인기가 좋은데, 특히 식수로는 쓸 수 없는 '강만수'를 빨아들이면 잘 자라는 특성이 있어서 주로 'F족'들이 많이 재배하고 있습니다. 또한 '경제한파' 주위에는 명박도에서 보기 드문 진귀한 인삼인 '김영삼'이 10년 만에 다시 나타나서 화제가 되고 있습니다. 식물학자들은 김영삼 역시 '경제한파'처럼 '강만수' 있는 곳에서 잘 자라는 것으로 추정하고 있습니다. '경제한파'나 '김영삼'은 아주 맛이 좋습니다만 건강에는 좋지 않은 것으로 여겨져서 의학계에서는 이 두 식물을 마약으로 분류해서 판매금지를 시켜야 한다고 주장하고 있습니다. 그런데 '우파'와 '친일파'가 자라는 곳 사이사이에는 '좌파'란 파도 자란다고 하는데, '우파'와 '친일파' 성장에 방해가 된다고 하여 명박도 사람들은 눈에 '뉴라이트'를 켜고 '좌파'를 뽑으려고 이 잡듯이 파밭을 뒤지곤합니다. 문제는 명박도 사람들도 '좌파'와 다른 파를 구분을 못해서 엉뚱한 파를 자꾸 뽑는 바람에 오히려 '좌파' 사냥이 멀쩡한 파만 뽑는 결과가 되어 농가 소득을 추락시키는 원인이 된다는 것입니다.

명박도에는 '유인촌'이라는 마을이 있는데, 이 마을은 명마의 주산지로 유명해서 특산물인 '찍지마'는 많은 인기를 누리고 있습니다. 특히 보통 말들은 '이랴' 하고 외쳐야 뛰지만 이 '찍지마'는 '씨바'라고 외쳐야 성질이 뻗쳐서 뛰는 특이한 습성으로도 유명합니다.

명박도에서는 목축업이 발달해서 고품질의 달걀이 나오는 것으로도 유명한데, 특히 알이 큼직큼직하기로 소문난 '취업대란'이 인기를 누리고 있습니다. 게다가 양봉업도 상당히 발달해서 명박도의 자랑거리인 '재벌'이 만들어내는 꿀은 주요 특산물 가운데하나입니다. 그런데 이 '재벌'은 조금 독특한 식습관이 있습니다.

평소에는 꽃 사이를 돌아다니면서 꿀을 채집하지만 꽃이 시들어서 상황이 나쁠 때는 물고기도 즐겨 먹는다는 것입니다. 특히 '재벌'이 좋아하는 물고기는 '휠체어'로서 '재벌'들이 '휠체어' 위에 올라타서 살점을 맛있게 먹는 모습을 종종 볼 수 있습니다.

자연산 굴, 곧 석화의 일종인 '전광석화' 역시 명박도의 특산품으로 유명합니다. 이 '전광석화'는 날로 먹어도 좋지만 전을 부치면 그 맛이 기가 막혔는데 사람들은 이 전을 '속도전'이라고 불렀고 명박도의 대표 음식 중 하나로 전해집니다. '전광석화'는 맛있는 만큼 먹기도 어려워서 단단한 껍질을 망치로 깨야 했기 때문에 '전광석화' 철이 되면 섬 전역에 망치질 소리가 그치지 않았다고 합니다. 또한 대하보다 더 크고 더 맛있다는 새우의 일종인 '대운하' 역시 수산물로 유명합니다.

또 한 가지, 명태가 많이 잡히는 명박도에서는 겨울 내내 명태를 말렸다가 차가운 물에 씻었다가를 반복해서 살이 부드럽고 국을 끓이면 국물이 많이 나오는 말린 명태를 만드는데, 싸구려 북어나 강원도의 황태는 게임도 안 될 진미를 보여주는 이 말린 명태를 사람들은 '박희태'라고 부릅니다. 그래서인지 '북어와 여자는 사흘에 한 번씩 패야 한다'는 전근대적인 속담이 여전히 명박도에서는 통하고 있습니다. 물론 '북어' 대신…. ^^

명박도의 생활문화

명박도에서 유명한 요리라고 하면 프라이드 치킨을 들 수 있습니다. 특히 명박도의 명물인 'BBK'는 상당히 높은 인기를 누려서 왕족들도 즐겼고, 심지어는 자신이 명박도에 'BBK' 체인점을 차렸다고 주장하는 왕족도 있었습니다만 뭐가 틀어졌는지 왕족의 미움을 받아서 결국 문을 닫았다는 안타까운 사연도 있습니다. 또한 명박도에서 한때 인기가 높았던 빙과였던 '미네르바' 하드 역시 명박도 왕족의 미움을 받는 바람에 판매 금지되었습니다. 당시 판매 금지 이유로 든 것은 '정부가 미네르바 가격 인상을 지시하는 공문을 보냈는데 실제로는 요청만 했지 공문을 보내지 않았다는' 조금 석연치 않은 내용이어서 많은 의혹을 불러일으킨 바 있습니다.

명박도에서는 고유의 화폐 단위를 쓰고 있습니다. 한국의 '원'과는 조금 다른 단위인 '나경원'이 쓰이고 있는데, 국제시장에서는 외환거래 인정을 받지 못해서 명박도 밖에 나가면 도통 쓸 수가 없다는 점이 문제입니다. 특히 명박도에서 나갈 때 '나경원'을 다른 돈으로 다시 환전해 주지 않으므로 명박도에 들어갈 때 딱 쓸 만큼만 환전하도록 주의해야 합니다.

명박도에는 의학은 별로 발달하지 않아서 많은 사람들이 아플 경우에 민간요법에 의지하고 있습니다. 한때 죽은 사람도 살린다는 명약인 '747공약'이 대히트를 쳤습니다만, 이 약을 복용한 사람들이 증상 호전은커녕 목숨이 위태로울 지경에 빠져서 학자들이 이 약의 정체에 대해서 연구한 결과 아무 효과도 없는 가짜 약임이 밝혀져서 결국 판매 금지가 되었다고 합니다.

명박도의 문화

명박도는 상당한 수준의 문화를 자랑하고 있습니다. 먼저 명박도 사람들이 널리 믿고 있던 종교에 대해서 많은 학자들은 기독교라고 생각해 왔습니다만 놀랍게도 명박도의 종교는 불교였다는 사실이 밝혀졌습니다. 특히 명박도의 불교를 중흥시켰던 주역에 대한 전설이 최근 밝혀졌는데, 그는 스스로 '스님'이라는 존칭을 거부하고 '중'이라는 이름을 쓰기를 자청했던 고승 '최시중'이었다고 합니다. '최시중'은 특히 음악에 탁월한 재능이 있어서 명박도의 고유한 음악 장르인 '방송장악'을 제창한 것으로 알려져 있습니다. 그런데 이 음악을 연주하기 위해서는 말하기가 좀 거시기 합니다만 생식기 주변의 털을 필요로 했다고 합니다. 그래서 최근 명박도에서는 '방송장악 음모'라는 악기가 발굴되어 학계의 비상한 관심을 모으고 있습니다.

비록 '방송장악'이 명박도의 전통 음악이긴 하지만 역시 젊은 층에게는 락 음악이 큰 인기를 누리고 있습니다. 특히 최근 명박도에서 유행하고 있는 락 음악인 '주가폭락'은 폭발적인 반향을 얻고 있습니다. 그래서 최근 명박도의 젊은이들은 인기 차종인 '사이드카' 안에다가 '주가폭락'을 엄청나게 큰 볼륨으로 틀어대면서 과속 질주를 하는 게 유행이라서 이러한 고성방가가 새로운 사회 문제로 대두되고 있습니다.

명박도의 아이돌 스타로는 화려한 춤과 노래를 바탕으로 월드스타로 발돋움하려는 'M비'가 있습니다. 그런데 'M비'에게는 좀 이상한 습관이 있는데, 남들이 그를 부를 때 존칭을 쓰면 굉장히 싫어한다는 것입니다. 그래서 만약 그를 "이봐요, M비씨!"라고 부르면 너무나 열이 받는 나머지 화 중에서 가장 큰 화라는 '민영화'를 낸다고 합니다. 참고로 'M비'의 최고 히트곡은 자전적인 가사를 담은 '나쁜 남자'(정지훈의 '나쁜 남자'와는 전혀 다른 노래입니다)라고 합니다.

어딜 가나 양지가 있으면 음지가 있는 법, 명박도에도 많은 중생들을 혹세무민하는 사이비종교 집단이 있습니다. 이 사이비 종교는 불교를 표방하여 '일제고사'란 절을 세워서 신도들을 모으고 있습니다. 그런데 보통은 살생을 금지하는 불교와는 달리 이들은 주지육림에 빠져 살면서 명박도에서 육질 좋기로 소문난 고기인 '사교육', '영어몰입교육' 등등을 신도들과 함께 먹는 것으로 유명합니다. 이 고기를 많이 먹어야 하늘 위에 있는 천당인 'SKY'에 갈 수 있다는 교리 때문에 신도들은 배가 터지게 먹으면서 고

깃값을 대다가 등골이 빠질 지경이라고 합니다. 그런데 '사교육', '영어몰입교육'은 우리가 흔히 먹는 쇠고기와 돼지고기가 아니라 놀랍게도 말고기로서 명박도에서 육질이 좋은 것으로 소문난 말인 '강남엄마'를 도축한 것입니다. 그런데 '강남엄마'가 워낙 비싼 관계로 사이비교도들은 이 고기를 즐기다가 기둥뿌리가 뽑히는 것입니다. 그리고 이 사이비종교에는 특별한 제사 의식이 있어서 명박도 주위에 사는 새인 '전교조'를 잡아다가 제물로 바치는데, 의식이 끝나면 '전교조'를 발기발기 찢어서 국물을 낸 국수인 '파면'을 나눠먹는 의식을 치르는 것으로 알려져 있습니다.

명박도의 성생활

명박도는 성에 대해서 상당히 개방적이었던 것으로 알려져 있습니다. 그래서 숙박시설도 발달했는데 남녀가 뜨거운 사랑을 나눴던 장급 여관으로는 '마이너스 성장'과 '낙하산 사장'이 가장 유명했다고 합니다. 특히 '낙하산 사장'은 그 조경의 아름다움으로 유명해서 앞뜰에 백일홍보다 더욱 붉은 빛을 뿜냈다는 '구본홍'이 흐드러지게 피는 광경은 '낙하산 사장'의 유명한 볼거리로 남녀상열지사에 큰 공헌을 했다고 전해집니다.

한편 명박도의 귀족들은 주로 기생들이 많은 요정을 즐겨 찾아서 풍류를 즐기는 것으로 알려져 있습니다. 특히 명월관 따위는 발아래로 굽어 보는 요정 '이동관'은 명박도 왕족들까지 늘 품에 끼고 살 정도로 절세기녀들이 즐비한 것으로 명성이 자자합니다.

명박도의 역사

명박도의 역사에 대해서는 별로 알려진 것이 없습니다. 다만 최근 고고학자들에 의해 금속 도구를 사용하기 이전 돌을 이용한 도구를 만들어 쓰던 '김석기'시대가 있었던 것으로 밝혀졌습니다. 특히 명박도의 야트막한 산인 '용산'에서는 이 '김석기'시대의 여러 가지 도구들이 발견되어 화제가 되고 있으며 특히 대형 컨테이너는 역사적 가치가 높은 유물로 '김석기'시대의 생활상을 연구하기 위해 고고학으로 유명한 대학인 '경찰특공대'에서 많은 연구가 진행되고 있습니다. 또한 이 비슷한 시대에 외적의 침입을 막기 위해서 세운 '명박산성'이라는 성 유적이 발굴되어서 역사학계의 관심을 끌고 있습니다.

한때 명박도는 그 좁은 섬이 셋으로 나뉘어서 군웅할거의 시대를 이루었다고 합니다. 당시 삼국의 이름은 조선, 중앙, 동아로서 삼국은 온갖 권모술수로 속고 속이다가 결국은 역사 속으로 사라졌는데, 사가들은 후세에 이들의 권모술수와 속임수를 전하고자 '삼국사기'를 지었다고 합니다.

물론 명박도의 각종 역사를 기록한 역사책이나 소설도 전해져 내려옵니다. 특히 중국의 '삼국지'에 필적한다는 '어륀지'는 명박도 최고의 역사 소설로 그 이름을 드높이고 있으며 먼 옛날 동이족의 상고사까지 다루고 있는 역사책인 '한단고기'를 능가한다는 '미국쇠고기'도 역시 학계의 비상한 관심을 모으고 있습니다.

어쨌거나, 한때 그 세력이 융성했던 명박도의 전성시대는 갑작스럽게 섬의 전 인류가 멸망하면서 지금은 전설로만 남아 있습니다. 이에 대해서는 학자들의 의견이 분분합니다. 한 역사학자는 한때 그들이 적국을 위협하기 위해서 만들었던 메가톤급 핵무기 '탄핵'이 그만 명박도 안에서 터지는 바람에 멸망했다는 주장을 하기도 했습니다. 또다른 학자는 명박도 주민들이 입에는 달콤하지만 온갖 성인병의 근원이 되는 '딴나라당'을 너무 많이 섭취한 나머지 자손도 보지 못하고 일찍 사망하는 바람에 결국 인구감소로 멸망했다는 설을 내놓기도 했습니다. 한 고고학자는 말기에 큰 불인 '민주화'가 나는 바람에 도시를 몽땅 태워버릴 정도로 엄청난 기세를 자랑했는데, 명박도 왕족들이 나서서 이 '민주화'를 끄는 것까지는 좋았지만 무조건 빨리 끄는 데 집착해서 독성 물질로 진압하는 바람에 독이 든 잿더미인 '독재'가 공기 중을 떠돌면서 사람들을 중독사시켜서 멸망에 이르렀다는, 다소 드라마 같은 주장도 하고 있습니다.

교육학자들 사이에서는 좀 더 드라마 같은 주장도 있는데, 당시 왕족과 귀족들에게만 지나치게 특혜를 주는 바람에 결국 폭동이 일어나고 쌍방이 치열한 교전 끝에 백성들이 몰살당했다는 주장을 하고 있습니다. 그 증거로 역사 자료에서 사람들이 공정하지 못한 교육을 비난하면서 "'공정? 택'도 없다!"라고 비웃었던 사실을 제시하고 있습니다. 또한 이 피비린내 나는 전쟁 끝에 승리한 귀족들도 승전을 축하하기 위해서 당시 바다에서 많이 잡혔다는 복어의 일종인 '주경복'을 잡아다가 요리용 칼인 '떡검'으로 난도질을 해서 회를 먹었는데 그만 독을 제대로 제거하지 못해서 귀족들도 모두 중독되어 몰살당하는 바람에 결국 명박도 멸망으로 이어졌다는 학설을 내놓고 있습니다.

제4장 그 나물에 그 밥

:: 좌파게티

안상수와 명진스님이 점심 공양으로 찌파게티를 먹었다.
스님은 괜찮은데 안상수만 배탈이 났다.

안상수: 이거 상한 거 아냐?
명진스님: 왜 그래, 난 괜찮은데?
안상수: 혹시 이거 좌파게티 아냐?
명진스님: 내 참. 그럼 내가 먹은 건 우파게티냐?

:: 좌파와 국가안보

월남전에 참전한 일명 '좌파 스님'의 법문

국민의 4대 의무는 국방·납세·근로·교육의 의무다. 교육·근로의 의무는 본인에게 손해가 되기 때문에 법적 처벌을 받지 않더라도, 납세의 의무나 국방의 의무는 법적 처벌을 받게 돼 있다. 국가안보회의에 참석한 (인사들의) 면면을 보니까, 세금을 안 내서 탈세를 해 법적 처벌을 받은 사람, 석연치 않은 이유로 군대를 안 간 사람…. (이들이) 어떻게 앉아서 우리 자식들의, 우리 형제들의, 우리 아우들의 안위를 걱정하는 안보 회의를 한다는 말인가.

:: 군 미필자의 질의 응답

국회에서 천안함 침몰 사고에 대한 질의 응답이 벌어졌다. 자유선진당 박선영 의원이 정운찬 총리에게 질문한다.

박 의원: 정부와 군은 오락가락 계속 소설을 쓰고 있다. 당시 초계함 두 대가 〈백상예술제〉를 좀 더 깨끗한 화면으로 보기 위해 백령도 근처로 갔다는 치욕적인 루머까지 돌고 있다.

정 총리: (발끈 화를 내며) 정부는 왔다갔다 한 적이 없다!

박 의원: 어떤 때에 우리 수병이 수타실로 들어가나?

정 총리: (우물쭈물하다) 거기에 대해선 충분한 지식이 없다. 군사적, 기술적 세부사안은 관계 장관이 말하는 것이 낫겠다.

박 의원: 군대를 안 갔다 와서 그렇겠죠. 그동안 안보대책회의에 참석했으니 이 정도는 공부해서 나오셨어야죠. 당시 사고 지역에 최초로 뜬 헬기의 종류가 뭔지 아세요?

정 총리: …….

박 의원: 군대를 다녀오지 않은 여성인 나도 아는 사실을… 군대도 다녀오지 않은 대통령, 군대도 다녀오지 않은 국무총리, 군대도 다녀오지 않은 비서실장, 군대도 다녀오지 않은 국정원장이 모여 과연 어떤 결정을 내릴 수 있는지, 대처할 수 있는지 국민들은 지금 많은 의구심을 가진다.

:: 보수와 국가 안보

MB실세의 자격

대통령 MB씨(면제)

국무총리 정운찬(면제)

국정원장 원세훈(면제)

최시중(일병 귀휴, 아들 면제)

경제특별보좌관 강만수(면제)

윤증현 재경부장관(면제)

정종환 국토해양부장관(면제)

이만의 환경부장관(면제)

김황식 감사원장(면제)

정정길 대통령실장(면제)

안상수 전 원내대표(면제)

:: 일명 '좌파 저격수'의 병적 기록부

① 1966년 ~1967년 징병검사 기피

② 1968년 1을종

③ 1969년 입영기일연기

④ 1970년 2급

⑤ 1971년 입영기피

⑥ 1973년 입영기일연기(행방불명)

⑦ 1974년 입영기일연기(행방불명)

⑧ 1975년 공소권 무효

⑨ 1975년 입영 후 귀가

⑩ 1977년 무관후보생편입

⑪ 1977년 보충역(신체검사 및 퇴교 조치자로 입영의무 면제)

⑫ 1978년 소집면제(고령)

∷ 정운찬 수호대

입만 벌리면 사고를 치는 정운찬 총리를 위한 수호대가 발족되었다. 특히 최신 개봉작 〈아바타〉를 집에서 봤다는 정 총리의 발언을 집중 방어하느라 애쓰는 중이다.

알고 보니 예고편이었다. (Farvian)

오해하지 말라. 정 총리 집이 CGV다. (보글보글)

마루타를 잘못 말한 거다. (Gold)

미안하다. 아바타가 독립군인 줄 알았다. (No. 44)

채팅사이트 아바타를 말한다는 걸 실수했다. (태완)

사실은 백치 아다다를 본 거었다. (오피)

미안하다. 정 총리가 본 건 에비타였다. (앙리친구헨리)

오해다. 무한도전 쩌바타를 본 것이었다. (l랄랄래)

"아! 봤다"라고 한 걸 여러분들이 아바타로 잘못 들은 거다. (FC LFC)

출발 비디오 여행에서 봤다는 얘기다. 언론이 너무 정 총리를 까려고만 하는 것 같아 힘들어하신다. (time)

:: 안상수 대표의 정체는 **좌파였다!**

시민1. 너 혹시 그거 아니?

시민2. 뭐?

시민1. 안상수 한나라당 대표가 사실은 좌파래.

시민2. 그럴 리가! 안 대표 같은 '좌파 저격수'가 좌파라니 말도 안 돼.

시민1. 그걸 내가 수학적 논리학으로 증명해 볼까?

시민2. 도저히 믿을 수가 없군. 그래 한 번 해봐!

시민1. 잘 봐봐. 상수의 반대 개념은 변수지? 그런데, 안상수는 안 (not)상수니까 변수란 말이야. 변수는 독립변수이거나 종속변수 가운데 하나거든. 그런데 MB씨〉정몽준 대표〉안상수 원내대표니 까 안상수=종속변수야. 한편 종속이론=좌파이론이니까 이 자리 에 '이론'대신 '변수'를 대입해도 논리가 성립하잖아? 그러니까 종 속변수=좌파변수가 되고, 이는 곧 안상수=종속변수=좌파변수가 성립하게 된단 말야. 결론적으로 안상수=좌파란 말이지.

시민2. ????

: : 알바 아님

각종 포털 사이트에 올라오는 악성 댓글이 전부 한나라당 쪽 IP인 것이 밝혀진 후 한나라당의 반응.

"돈을 안 줬으니 알바가 아니다!"

:: 2010 최고의 관광지

결혼 30주년을 맞은 MB씨 부부가 기념 여행을 하기 위해 여행사를 찾았다.

MB씨 부부: 우리 부부가 다녀올 만한 좋은 여행지가 없을까요?

여행사 직원: 아, 있구 말구요. 요즘 떠오르고 있는 최고의 관광지가 있습니다.

MB씨 부부: 그래요? 거기가 어디예요?

여행사 직원: 한주호 준위라고 아시죠?

MB씨 부부: 당근이죠!

여행사 직원: 그분 추모식장이 올해 최고의 여행지랍니다.

MB씨 부부: 아니, 어떻게 그런 곳이….

여행사 직원: 아니, MB씨 부부께서 그걸 아직 모르시다니! 공성진 의원, 나경원 의원 등을 비롯해서 벌써 여러분이 다녀가셨답니다. 기념사진 찍어서 미니홈피에 올리는 게 아주 대유행이거든요!

:: 고 한주호 준위, 소위로 1계급 특진 결정!

영관급 대접을 받는 준위를 장교 초년병인 소위로 특진? 군대를
가봤어야 뭘 알지.

– 예비역 병장

미친 거 아냐? 정신 똑바로 차려 이거뜨라!

– 유족들

삼성전자에 납품하는 중소기업 사장을 삼성전자 신입사원으로
채용하는 거랑 똑같구먼.

– 네티즌

:: 청와대가 전임정부보다 **잘한 일**

국회에서 대정부 질문이 벌어졌다.

747공약의 실종, 대학생 등록금 반값 인상, 치솟는 물가, 한미 FTA, 공직자 비리 등의 문제가 끊임없이 제기되었다.

청와대 관계자는 그래도 전임 정부보다 훨씬 잘하고 있다고 적극 방어에 나섰다.

이윽고 한 의원이 물었다.

"청와대가 전임 정부보다 잘한 게 뭔가?"

청와대의 답변은 다음과 같았다.

① 대부분의 직원들은 새벽 5시에 출근한다.

② 이면지를 적극 활용한다.

③ 쌀을 많이 소비하기 위해 술도 막걸리로 골라 마시고 쌀국수도 먹는다.

④ 헌혈도 많이 한다.

⑤ 날씨가 추워지면 내복을 입는다.

: : 731부대의 환골탈태

윤동주 시인을 비롯하여 수많은 한국인과 중국인 등을 산 채로 생체 실험한 것으로 알려진 일본군 731부대가 사실은 상해 임시정부의 명에 따라 비밀 독립운동을 해왔던 독립군이었다는 놀라운 사실이 밝혀졌다. 아울러 생체실험의 대상을 일컫는 용어로 알려졌던 '마루타'도 실은 '전쟁포로'를 지칭하는 것이었다는 사실도 함께 밝혀졌다. 역사학계에 센세이션을 일으킨 이 새로운 사실들은 2011년 새 역사교과서에 실릴 예정이다.

한중일 역사학자들 중 누구도 알아내지 못했던 이 엄청난 역사의 비밀을 밝힌 사람은 대한민국 실용정부의 제2대 국무총리인 정운찬 전 서울대 총장이다.

정 총리가 몸담았던 국립서울대학교와 대한민국 역사학계는 물론 731부대의 오명을 벗게 된 일본에서도 정 총리에 대한 명예 역사학박사 학위 및 훈장 수여에 대해 진지하게 논의 중인 것으로 알려졌다.

:: 헌법재판소 놀이

"가결 선포의 절차상 문제는 인정되나 법안의 효력은 유효하다"
는 기상천외한 결정 이후.

술은 먹었지만 음주운전은 아니다.

세종시 안 하지만 안 하는 것은 아니다.

당선은 됐지만 대통령은 아니다.

부자 감세했지만 강부자 특혜 아니다.

미운 놈 밥줄은 끊지만 미운 털 뽑는 건 아니다.

대통령에 당선은 됐지만 대통령은 아니다.

교전은 하지만 전투병은 아니다.

회삿돈을 횡령했지만 소유권은 인정된다.

오프사이드는 맞지만 들어간 골은 인정된다.

금지약물 복용은 확실하지만 메달은 유효하다.

한일합방의 과정은 위법해도 결과는 유효하다.

위조지폐임이 분명하지만 화폐로서의 효력이 없다고는 할 수 없다.

방귀는 내가 뀌었지만 내 냄새는 아니다.

커닝은 했지만 성적은 유효하다.

살인은 했지만 살인죄는 아니다.

집이 10채지만 투기는 아니다

내가 너를 낳았지만 네 엄마는 아니다.

판결은 했지만 판사는 아니다.

베끼기는 했지만 표절은 아니다.

모텔에서 잤지만 외박은 아니다.

:: MB씨의 헌재놀이

독도는 일본 땅이지만 지금 얘기하면 안 된다.

:: 삽질하는 검찰

:: 조선일보 구내식당의 비밀

"저희 사원 식당은 언제나 사원 여러분들의 건강을 최우선으로 생각합니다. 광우병 발생 위험이 없는 호주산 청정육으로, 안심하고 드셔도 됩니다. 꼭! 확인하시고 드세요~."

:: MB씨의 나라, 2009년 최악의 방송대상 시상식

주최 : 방송개혁시민연대

일시 : 2009년 11월 25일

= 수상내역 =

2009 최악의 방송대상 – MBC 〈PD수첩〉

최악의 방송사상 – MBC

최악의 방송노조상 – MBC 노조

편파왜곡상 – MBC 〈뉴스후〉

허위조작상 – MBC 〈100분토론〉

반기업조장상 – MBC 〈시사매거진2580〉, 〈YTN 돌발영상〉

사회갈등조장상 – MBC 〈PD수첩〉

막말언어상 – MBC 〈세바퀴〉

불법PPL상 – MBC 〈놀러와〉

청소년유해상 – MBC 〈혼〉

폭력조장상 – MBC 〈친구〉

불륜선정상 – MBC 〈밥줘〉

시청자우롱상 – KBS 2TV 〈미수다〉

가정윤리파괴상 – KBS 2TV 〈장화홍련〉

막말방송인상 – 김구라

:: 모 당 모 국회의원의 **고백**

국회 통과된 법률을 잘 알지도 못하는 국민들이 알 필요가 없습니다.

나는 대한민국 국회의원이다. 헌법 말고는 모른다.

아침에 회사 나가서 결재하고 시간이 남으면 국회에 간다.

:: 아니 땐 굴뚝에 **연기 나랴**

모처럼 청와대에 들어온 이상득 의원이 MB씨에게 불평을 늘어놓았다.

"무슨 일만 있으면 아우님이 개입했다느니, 내가 개입했다느니 난리들을 치는데 이를 우짜면 좋겠노?"

MB씨가 대답했다.

"우리가 바로 왕년 굴뚝산업의 주역들 아닙니까. 그때 뿜어내던 연기가 아직도 피어오르는 걸 어쩌겠습니까?"

:: 아버지

박정희 전 대통령의 추도식이 열린 동작동 국립묘지. 정몽준 의원이 박근혜 전 대표에게 말했다.

"박정희 대통령께서 이룩하신 경제발전은 우리 아버지의 도움이 컸다는 걸 아셔야 합니다. 박통께서 만약 지금껏 살아계셨다면 이렇게 말씀하셨을 겁니다. '옛날에는 왕회장이 나를 도왔으니 이젠 근혜 네가 몽준이를 도와줘라' 하고 말입니다."

그러자 박근혜 전 대표가 이렇게 대답했다.

"천만에요! 우리 아버지께서 지금까지 살아계셨다면 자식의 앞길에 걸림돌로 등장한 당신을 그냥 둘 리가 없죠."

:: 두 집 살림

경주를 비롯한 다섯 곳의 국회의원 재보궐선거에서 한 명의 당선자도 내지 못해 코가 빠져있는 한나라당 대표실을 방문한 박근혜 전 대표가 모여 있던 당직자들에게 핀잔하듯 한마디 했다.

"치마를 두른 나도 가만히 앉아서 경주를 이겼는데, 사내들이 떼거리로 몰려다니면서 얻은 게 하나도 없잖아요. 제발 사내구실 좀 하세요."

모욕적인 핀잔을 들은 박희태 대표가 힘없이 투덜거렸다.

"내가 사내구실을 할 수 있었으면 당신이 두 집 살림하는 걸 두고 보겠어요?"

:: 좌빨 컴퓨터

청와대에 입성한 MB씨 군단이 컴퓨터를 켜지 못했다는 기사를 읽던 뉴라이트 회원이 한마디 했다.

"컴퓨터가 좌빨이라서 그래."

∷ 재산

정몽준 대표가 국회의원 재보선지역을 샅샅이 훑고 다니며 인지도를 높여가자, 어느 친박계 인사가 박근혜 전 대표를 찾아가 이렇게 말했다.

"정 대표는 전국을 발로 뛰며 인지도를 높여가고 있는데, 이렇게 집안에만 틀어박혀 있어서야 되겠습니까? 이러다 다음 대권경쟁에서도 물을 먹지 않을까 걱정입니다."

박근혜 전 대표가 대답했다.

"그 사람은 대권경쟁에 뛰어들지 못할 테니까 걱정하지 마세요!"

친박 인사가 '무슨 근거로 그렇게 생각하느냐?'고 묻자 그녀가 말했다.

"MB씨가 그나마 제대로 한 일이 뭔지 아세요? 자기 재산을 장학재단에 내놓은 거예요. 그러니 앞으로 대권에 도전할 사람은 자기 재산을 다 내놔야 하는데, 정몽준 대표가 그 엄청난 재산을 포기할 수 있을 것 같아요?"

：： ∼상관없다

자연의 일부인 땅을 사랑해서 '절대농지'를 구입했을 뿐, 투기와
는 전혀 상관없다는 박은경 환경부 내정자의 국회 답변 이후….

– 술을 마시고 운전하다 걸렸을 때:
"유흥의 일부인 술을 사랑할 뿐, 음주운전과는 전혀 상관없다."

– 같은 반 친구를 때리고 돈을 뜯다가 걸렸을 때:
"스포츠의 일부인 격투기를 사랑할 뿐, 삥뜯기와는 전혀 상관없다."

– 외간남자와 밀회하는 장면을 들켰을 때:
"인류의 일부인 남자를 사랑할 뿐, 불륜과는 전혀 상관없다."

– 지하 주차장에서 사과상자를 받았다가 들켰을 때:
"우리 농산물의 일부인 사과를 사랑할 뿐, 뇌물과는 전혀 상관없다."

– 그런데 그 사과상자에서 만 원짜리 지폐가 쏟아져 나왔을 때:
"역사의 일부인 세종대왕을 사랑할 뿐, 뇌물과는 전혀 상관없다."

:: 댓글 2

"李대통령, 스폰서 사건, 검찰문화 바꾸는 계기로"라는 제목의 기사 아래 달린 최다 추천 댓글은?

"각하, 그런 소리 마쇼. 검찰문화가 바뀌었다면, 각하는 지금 청와대가 아니라 감옥에 가 있을 겁니다."

:: 기념으로~

오피스텔을 세 채나 가진 것으로 알려진 이춘호 여성부 장관 내정자의 "서초동 오피스텔은 내가 유방암 검사에서 괜찮다는 결과가 나오자, 남편이 감사하다고 기념으로 사준 것이다" 발언 이후.

– 남편 앞으로 오피스텔 세 채가 있는 부부라면 :
"남편이 자궁암이 아니라는 결과가 나오자, 감사하다고 기념으로 사준 것이다."

– 막 대학생이 된 딸 앞으로 오피스텔 세 채가 있는 부모라면:
"딸이 공주병이 아니라는 결과가 나오자, 감사하다고 기념으로 사준 것이다."

– 막 대학생이 된 아들 앞으로 오피스텔 세 채가 있는 부모라면:
"아들이 현역이 아니라는 결과가 나오자, 감사하다고 기념으로 사준 것이다."

– 세 살배기 딸 앞으로 오피스텔 세 채가 있는 부모라면:
"딸이 임신이 아니라는 결과가 나오자, 감사하다고 기념으로 사준 것이다."

::소망

어느 뉴라이트 회원의 새해 소망

전두환 같은 성격의 장인어른을 만나, 전여옥 의원처럼 키우신 따님을 아내로 맞이하여 아들을 낳고 싶다. 그 아이가 어릴 때는 동네 어르신들께 "꼬마 녀석이 아주 이명박 대통령을 빼다 박았거나. 영판 꼬마 이명박이구나~. 허허 고놈, 하는 행동과 말투와 예의범절이 이명박을 빼다 박았으니 이런 아이를 낳은 부모를 꼭 한번 보고 싶구나~" 하는 이야기를 듣고 싶다. 자라서는 주성영 의원, 안상수 의원 같은 친구를 만났으면 좋겠다.

∷한 번 봐라

문화관광부 장관 유인촌 씨의 "내 재산 많다고들 하는데 배용준을 한번 봐라" 발언 이후.

배용준 : "내 재산이 많다고들 하는데
　　　　　빌 게이츠를 한번 봐라."

유재석 : "내 출연료가 너무 많다고들 하는데
　　　　　오프라 윈프리를 한번 봐라."

강호동 : "내가 뚱뚱하다고들 하는데
　　　　　스모 선수들을 한번 봐라."

김구라 : "내가 막말한다고들 하는데
　　　　　조중동을 한번 봐라."

지상렬 : "내가 너무 영어 좋아한다고들 하는데
　　　　　이경숙을 한번 봐라."

이경숙 : "내 영어 발음이 너무 판타스틱하다고들 하는데
　　　　　앙드레 김을 한번 봐라."

옥주현 : "내가 성형을 많이 했다고들 하는데
　　　　　마이클 잭슨을 한번 봐라."

이윤석 : "내가 깡말랐다고들 하는데
　　　　　이회창 씨 큰아들을 한번 봐라."

심형래 : "내가 바보라고들 하는데
　　　　　조지 부시를 한번 봐라."
박명수 : "내가 호통만 친다고들 하는데
　　　　　유인촌 장관을 한번 봐라."
어떤 백수 : "내가 돈이 없다고들 하는데
　　　　　전두환을 한번 봐라."

∷ 트위터에 올라온 한 말씀

"문화부 장관은 한 나라의 문화 수준을 대변하는 사람이어야 하는데, 우리는 그냥 대변을 뽑아났다."

: : **적반**하장

탈세와 횡령으로 유죄판결을 받은 바 있었던 이건희 삼성전자 회장이 "모두 정직했으면 좋겠다"라고 했다. 이 낯짝 뜨거운 말씀을 하신 데에는 그럴 만한 이유가 있었다. '어디 나만 이러는가' 하고 생각할 수 있기 때문이다.

– 이명박 대통령: 모두들 언론 장악을 안 했으면 좋겠다. (YTN, KBS, MBC 낙하산 사장은 모두 이 사람의 작품이다.)

– 유인촌 문화체육관광부 장관: 모두들 욕을 안 했으면 좋겠다. ('찍지 마! XX! 에이 성질 뻗쳐서'라는 유명한 어록을 남기셨다.)

– 안상수 전 한나라당 원내대표: 국민들이 모두 국방의 의무를 수행했으면 좋겠다. (병역 기피 의혹의 당사자.)

– 정두언 의원: 교원의 정보는 소중히 보호해야 한다. (법원이 금지한 전교조 명단 공개에 가세한 이 사람, 불과 3년 전 '교원정보 보호법'을 대표 발의한 바로 그 사람이다.)

– 전여옥 의원: 표절은 범죄행위다. (노무현 정부 당시 논문 표절 의혹에 휘말린 관료를 비난했던 이 사람, 본인의 대표작이 바로 표절이라는 판결을 받았다.)

– 김성찬 해군참모총장: 우리를 괴롭힌 자, 더 큰 대가를 반드시 치르게 할 것이다. (천안함 장병의 생명과 안전에 가장 큰 책임을 져야 할 사람이 누구인지 까맣게 잊고 이런 뻘소리를 하고 있는 듯.)

∷ 국세청은 슬럼가?

아빠와 함께 TV를 보던 아이가 물었다.

아이: 아빠, 국세청이 뭐하는 데야?

아빠: 응, 국민들한테서 세금을 걷는 데지.

아이: 세금 걷는다는 게 총 가지고 다니면서 돈 뺏는 거야?

아빠: 너 그게 무슨 소리니?

아이: 지금 뉴스에서 그랬잖아. 국세청장 6명 중에 4명이 감옥에 갔다면서? 그러니까 총 들고 다니면서 사람들한테 돈 빼앗다가 잡혀 간 거 아냐?

아빠: …….

:: 정이품견

공무원 A: 새로운 공무원 직책이 하나 생겼다면서?

공무원 B: 새 직책이라니?

공무원 A: 거 왜 있잖아. MB씨가 하사하신 진돗개 관리하는 직책 말야!

공무원 B: 아, 개첨지!

공무원 A: 그래 맞아. 전북 익산에서 예산을 450만원이나 들여서 진돗개를 위한 '관사'도 짓고 예산도 450만원이나 투입했다며?

공무원 B: 조선시대 소나무한테 정이품 벼슬을 주었으니, 그놈 벼슬은 어떻게 되려나?

공무원 A: 관사까지 지어주었으니 시장이나 군수급인 2~3급은 되지 않겠어?

공무원 B: 그럼 정이품견이네, 정이품견!

∷ 누굴까?

웃자고 하는 일에 죽자고 달려드는 사람은?

①자살사이트 운영자 ②종말론 신도 ③하루살이 ④불나방 ⑤유인촌 장관

:: 종부세 내봤어?

외환위기 당시 기획재정부 장관의 말씀들

1. 80%의 국민들이 종부세 완화를 반대한다. 당신 생각은?

"1%가 내는 종부세에 대해 왜 80%의 국민들에게 물어보나?"

2. '녹색성장'을 기조로 삼은 정부의 환경인식은?

"집이 없는 사람에게 그린벨트는 분노의 숲이다!"

"그린벨트나 환경 문제는 후손들이 걱정할 일이니 우리들은 생각할 필요가 없다."

3. 나도 종부세 피해자

"10년간 야인으로 있으면서 소득은 없는데 종부세만 냈다."

(소득 없이 신고 재산 31억?)

4. 주가 폭락 당시, 손해 본 사람은 누구?

"주가는 떨어졌지만 아직 개인들은 손해를 보지 않았다. 시간이 지나면 안정될 것이다."

5. 물가 통계는 이렇게!

"(재래시장을 방문한 뒤) 물가는 생각했던 것과 작년에 비해서 크게 오르지 않은 것 같다."

6. 양극화 현상에 대한 정부의 인식은?

"양극화는 시대의 트렌드다! 세금으로 해소할 수 있는 것이 아니다!"

7. 해외 관광객 유치 방안.

"서울은 상징 빌딩이 없는 세계에서 유일한 도시이다. 따라서 서울의 랜드마크로서 제2롯데월드를 검토해볼 필요가 있다!"

"100층이 넘는 크고 높고 아름다운 건물이라도 강북에 있으면 랜드마크가 될 수 없다!"

8. 정부 최우선 정책.

"종부세 폐지, 완화는 현 정부의 상징적 정책이다!"

9. 대못

"종부세 폐지가 서민에게 대못을 박는 것이라고들 하는데, 그럼 고소득층에 대못을 박는 것은 괜찮다고 생각하십니까?"

10. 일 못해먹겠다.

"현 정부 내에 서울대 법대 인맥이 끊겨서 일 시킬 사람이 없다!"

11. 고리대금 피해자 구제 방안은?

"설사 금리가 100%를 넘더라도 돈 빌려주는 데가 있다는 게 더
중요하다."

12. 고환율 정책을 유지한 까닭은?

"경상수지 적자에도 불구하고 환율이 떨어질 리가 없으니까 일부
러 그렇게 했다!"

그러다 해외 사정이 심각해진 후.

"사실 나는 고환율 정책을 쓴 것이 아니라 저환율 정책을 쓴 것이
다!"

이윽고 여당에서도 해임론이 나오자.

"나는 IMF에 책임이 없다. 나는 사실 환율에 개입하지 않았다!"

경제 사정이 더 없이 심각해지자.

"오해다. 나는 고환율주의자도, 저환율주의자도 아니다. 환율은 어디까지나 펀드멘털에 따라야 하는 것이다!"

: : 전여옥의 **변신**

— 한나라당 대변인이 되기 전

"한나라당이 구제 불능이라는 거 모르는 사람 있습니까?"

"한나라당은 정치 헌금 명목으로 엄청난 돈을 받다 보니 2등의 편안함, 1당의 기득권을 누리며 후궁처럼 첩처럼 살기로 작심했던 듯하다. 두 번씩이나 차려준 밥상도 제대로 먹지 못하는 바보 정당의 최병렬 대표가 최근 보여준 모습은 최딩크도 최틀러도 아닌 '오대영'에 불과하다."

"한나라당은 더 말할 나위도 없이 완전히 부패한 당이다. 차떼기 정당이며 매수정당이다."

"박근혜는 영남권의 공주로서, 특정지역의 편애 속에서 안주했다."

"저는 사실 햇볕정책 지지자입니다 한반도에서 전쟁의 위험이 희석된 건 다 햇볕정책 덕분이었다 생각합니다. 어차피 통일은 될 텐데 적대시하면 할수록 통일비용만 올라갑니다."
"서해교전은 우리나라가 휴전국이기 때문에 어차피 희생을 감수해야 합니다. 분단국가에 흔히 있을 수 있는 일입니다."

"개인적으로 저는 이회창씨(당시 한나라당 총재)가 대통령이 안됐으면 좋겠어요. 이번 대선에서는 가난과 실패를 겪어본 사람이 뽑혔으면 좋겠습니다.(중략) 그래서 이회창 씨보다는 노무현 씨가 낫다고 생각했습니다."

– 한나라당 대변인이 된 후

· 한나라당 대변인을 수락하면서

"그때는 정치를 몰랐다. 그런데 내가 욕했던 최병렬 대표가 대변인 제의를 해오셨을 때 희망을 읽었다."

· 강금실 법무장관과 문재인 청와대 수석이 호텔 커피숍에서 만난 것에 대해

"그들의 관계가 불륜 남녀인지 불순한 관계인지 해명해야 한다."

정형근 의원이 호텔방에서 모 여인과 만난 것에 대해

"이게 당에서 언급할 성질의 일이냐? 당과는 관련이 없는 일이다."

· 2005년 1월 4일 서울 지하철 7호선 전동차 화재 질주 사건이 발생한 후

"새해 첫 출근길부터 불타는 '지옥철 7호선'을 타고 공포의 7분을 보낸 국민에게 정부는 무슨 할 말이 있겠느냐. 국무총리를 비롯해 전 내각이 물러날 사안이다."

몇 시간 후 화재 책임자는 서울 지하철을 관할하는 이명박 서울 시장임이 드러났다.

· 열린우리당 김모 의원 등의 부동산 투기 의혹에 대한 논평

"땅 투기를 해서 십 수억 원의 매매 차익을 남긴 것으로 알려졌다. 이 정도의 부동산 투기라면 거의 전문가를 방불케 하는 솜씨이다. 그 수법이 투기전문 복덕방 주인의 수첩에 올라있는 전문가 못잖은데 또 한 번 놀란다."

(그녀의 남편 이씨는 일반인이 살 수 없는 농지에 집을 짓기 위해 농업인 명의로 집을 지어 소유권을 이전받는 방식으로 편법 신축을 했다. 그리고 농가 주택에 들어간 지 1년이 지난 2004년 5월,

6억 원을 받고 땅과 집을 경기도에 매각했다.)

· CBS라디오 '시사자키 오늘과 내일' 인터뷰

"다음 대통령은 대학 나온 사람이 돼야 합니다. 왜 그러냐면 우리 국민의 60%가 이미 대학을 나온 국민이거든요."

통계청이 발표한 2000년 인구 주택 총조사 중 '25세 이상 인구의 학력 구성비'에 의하면 25세 이상 인구 가운데 대졸 학력을 가진 사람은 24.3%에 불과하다. 오히려 고졸자가 39.4%로 더 많다.

· 막말을 자제하자는 내용의 '새정치 신사협약' 제안에 대해

"결코 글이 될 수 없는 말만 늘어놓은 저급한 구두 논평만 일삼은 정당이, 자신들의 정체성을 고스란히 드러낸 인신공격만을 일삼은 정당이 신사협정 운운하며 막말 정치를 끝내자고 나섰다. 이것은 개도 소도 웃을 일이다."

"동정하지 않을 수 없고 안쓰럽지 않을 수 없으며 가엾게 여기지 않을 수 없다. 일종의 열린우리당식 반성문으로 접수할 것이다. 그러나 반성과 사죄의 진정성을 보이려면 그간 자신들이 해온 언행부터 돌이켜볼 필요가 있다. 책임 다수당의 논평이 어떠한 수준이었으며, 사용했던 언어가 얼마나 한국어를 오염시켰는지를 반성할 필요가 있다. 열린우리당의 정체성 때문에 (그간의 논평 수준이) 속수무책이었다는 최소한의 진지한 반성문은 첨부돼야 했다."

"탄핵의 폐허에서 박 대표의 치마폭에 싸여 치마꼬리를 붙잡고 '살려달라'며 애걸해서 121석을 얻었다. 국민들은 한나라당 의원들을 달면 삼키고 쓰면 뱉는 뺑덕어미 보듯 할 것이다." (2005년 2월 의원연찬회에서 박근혜 전 대표 비판론이 제기되자)

· 이명박 전 시장 캠프로 갈 가능성을 묻는 연합뉴스 질문에

"내가 거길 왜 가겠나. 이 전시장이 2등을 한다면 또 모르겠다. 경선이 재미있어야 하니까. 경선까지는 어느 캠프로 가는 일은 없을 거다. 중립을 지키고 누가 후보로 선출되든 운동을 열심히 할 것이다."

"정권교체를 위해 저를 제물로 바칠 각오를 하며 오늘 입장을 밝힙니다. 저는 이명박 후보를 지지합니다." (2007.7.12. 이명박 후보 지지선언)

"절대로 박근혜 전 대표 저격수는 되지 않겠다" (2007.7.13. 평화방송과의 인터뷰)

"한마디로 독재적인 발상이다. 독재적 유산 없이는 불가능한 소리이다. 무슨 권리로 사퇴를 강요하며 민주적 경선절차를 뒤엎겠다는 것인가? 민주주의 정신을 우습게 아는 것은 물론이고 한마디로 유린하는 행위이다. 한나라당은 한 개인의 것이 아니다. 내

가 살린 당이란 있을 수 없다."(2007. 8. 17. 기자회견)

∷ 유머가 아닌 실화

정운찬 국무총리가 2010년 1월 21일 고 이용삼 의원 빈소를 방문했다.

정운찬: "젊은 나이에 할 일이 많으신데 이렇게 가셔서 너무 애석합니다."

유가족: "(고인은)2년 동안 고생했습니다. 이제 50을 넘었는데…"

정운찬: "57년생이신데 너무 안타깝습니다. 이제 초선의원으로 할일 많으시고 전도가 창창하실 텐데…"

정 총리의 말을 듣는 순간 유가족들의 표정이 굳어졌다.

유가족: (이 의원의 동생은 황당하다는 듯이) "초선이 아니라 4선입니다."

정운찬: (많이 놀라고 당황해하며 옆에 앉은 조원동 차장에게) "어떻게 57년생인데 4선이죠?"

수행한 총리 보좌관: "36세 때인가 14대 보궐선거로 당선됐습니다."

정운찬: "아 그렇습니까, 죄송합니다."

정 총리는 유가족들과 한참 다른 얘기를 하다가 치명적인 실수를 다시 범했다.

정운찬: "의원께서는 자제분들이 많이 어리실 텐데 참 걱정입니다."

유가족: (흥분한 듯) "형님은 처와 가족이 없습니다."

정운찬: "다 돌아가셨나요?"

유가족: (어처구니가 없다는 듯 강한 어조로) "결혼을 하지 않아서 독신이십니다. 독신으로 지금까지 사셨습니다."

정운찬: (자신의 실수를 감지한 듯) "아~그렇군요. 참 애석한 일입니다. (이 의원 동생에게) 이제 남아계신 형님께서 돌아가신 동생을 대신해 많은 일을 하셔야겠습니다."

유가족: "제가 동생입니다."

∷1등 신붓감과 현모양처

나경원

1등 신붓감은 예쁜 여자 선생

2등 신부감은 못생긴 여자 선생

3등 신붓감 이혼한 여자 선생

4등 신붓감은 애 딸린 여자 선생

최시중

"여성들은 직업을 가지기보다는 현모양처가 되기를 바란다. 나는 기본적으로 세상에서 여성의 임무는 가정을 기반으로 하는 것이라 본다. 충실한 어머니, 선량한 부인이 되는 것만으로도 엄청난 기여를 하는 것이다. 나는 아들 하나, 딸 둘이 있는데 딸 둘을 모두 가정대에 보냈다. 그리고 재학 시절부터 졸업하면 1년 안에 시집가야 한다고 다짐을 받았다. 대학 졸업하자마자 이듬해 시집을 보냈다. 아이도 둘씩 낳았다."

:: 세계적인 개그

나경원: (한국 정부의 실명 확인제를 거부한) 구글코리아에 대해 협의를 한다든지 지도를 한다든지 하지 않고 수수방관하고 있는 거 아니냐?

최시중: 상업적인 구글의 처사에 대해 유감을 표시할 기회를 검토하고 있다. 법률적인 검토를 시키고 있다. 구글의 처사는 그들 주장대로 표현의 자유를 옹호하는 게 아니라 장애하는 것이라 생각한다.

나경원: 구글은 청소년 보호법 규정에 의한 필터링은 그동안 하고 있었다. 하지만 본인확인제가 실명제와 다른 것인데 자신의 비즈니스적 이해관계에 따른 결정을 해놓고도 우리나라가 인터넷 후진국이고 검열을 강화하는 것처럼 대외적으로 홍보하고 있다. 구글은 표현의 자유를 운운하면서 표현의 자유의 권리가 우선됐으면 좋겠다는 생각에서 (업로드를) 제한하겠다고 했는데 사실상 본인 확인 절차를 거쳐서라도 유튜브에 (동영상을) 올리고 싶다는 많은 대한민국 사람들의 표현의 자유를 제한하는 조치다.

제5장 역대 대통령

∷ MH vs. MB

MH氏는 조중동과 싸웠고
MB氏는 초중고와 싸운다.

MH氏 내각은 국민을 사랑했지만
MB氏 내각은 땅을 사랑했다.

MH氏는 먼저 대한민국 국민과 대화했고
MB氏는 먼저 일본 국민과 대화했다.

MH氏는 e지원을 만들었고
MB氏는 컴퓨터 로그인도 못했다.

MH氏는 노빠가 있지만
MB氏는 알바가 있다.

MH氏는 논란의 진실성이 궁금했고
MB氏는 논란의 배후가 궁금했다.

MH氏는 한일관계를 위해 과거역사를 철저하게 정리하자고 했고
MB氏는 한일관계를 위해 과거역사를 거론하지 않겠다고 했다.

MH氏의 정책은 야당에서 발목을 잡았지만
MB氏의 정책은 국민들이 발목을 잡았다.

MH氏는 국민에게 자신을 봉헌했고
MB氏는 하나님에게 서울시를 봉헌했다.

MH氏가 주권 확보를 얘기할 때
MB氏는 주식 확보를 얘기했다.

MH氏가 부동산 대책을 논할 때
MB氏는 부동산 가등기를 고민했다.

MH氏는 조중동이 괴롭혀도 지지율 30%고
MB氏는 조중동이 아무리 띄워줘도 30%다.

MH氏는 원칙과 소신으로 일하지만
MB氏는 무원칙과 변명으로 일한다.

MH氏는 미래를 보여줬고
MB氏는 과거로 돌아간다.

MH氏는 국민에게 머리를 숙였고
MB氏는 미국에 머리를 숙였다.

MH氏는 국민 앞에서 고개를 숙이지만
MB氏는 천황 앞에서 고개를 숙인다.

국민은 MH氏가 다시 돌아왔으면 하지만
국민은 MB氏가 빨리 돌아갔으면 한다.

MH氏는 삶의 질을 중요하게 생각하고
MB氏는 삽의 질을 중요하게 생각한다.

MH氏는 퇴임 후 삽질하는데
MB氏는 취임 전부터 삽질했다.

MH氏는 눈물의 힘을 믿지만
MB氏는 눈알의 힘을 믿는다.

MH氏 주위엔 '진짜 농민'이 모여 있고
MB氏 주위엔 '위장 농민'이 득실댄다.

MH氏는 자신을 반대하는 국민들과 토론하고,
MB氏는 자신을 반대하는 국민들을 토벌한다.

MH氏는 부시에게 당당했지만,
MB氏는 부시에게 당했다.

MH氏의 스승은 김대중 전 대통령이지만,
MB氏의 스승은 김대중 조선일보 고문이다.

MH氏는 국민들의 사기(士氣)를 높이려 했고,
MB氏는 국민들에게 사기(詐欺)를 치려 한다.

MH氏는 우리에게 세상을 살아가는 원칙과 상식을 가르쳐줬고,
MB氏는 우리에게 저렇게 원칙과 상식을 지키면 안 된다는 것을
가르쳐줬다.

MH氏는 타산지석(他山之石)이고,
MB氏는 반면교사(反面敎師)이다.

MH氏는 MB氏 때문에 그 귀중함이 더 빛나고
MB氏는 스스로에 의해 그 한심함이 깊어진다.
(jdk9812@naver.com)

:: 지하철 노무현역

2002년 대선에서 패한 이회창 후보가 지하철을 탔다. 열차 안에서 안내방송이 울려 퍼졌다.

"이번 역은 노무현, 노무현역입니다."

분노한 이회창이 외쳤다.

"아니, 노무현이 이겼으면 이긴 거지, 지하철역에까지 자기 이름을 붙인단 말야!"

그러자 보좌관이 조용히 창밖을 가리켰다. 이회창이 창밖을 내다보자 역에는 다음과 같이 적혀 있었다.

'논현역.'

MB똥꾸 하이킥

:: 대통령의 고스톱

박정희 고스톱: 1등 마음대로 규칙을 정한다.

최규하 고스톱: 아무리 좋은 패가 있어도 죽어버린다.

전두환 고스톱: 판쓸이나 따닥을 하면 무조건 자기가 원하는 패를 가져온다.

노태우 고스톱: 패가 좋든 나쁘든 전두환만 따라 친다.

김영삼 고스톱: 자기 패가 나쁘면 다 죽자고 달려든다. 일면 물귀신 고스톱이다.

김대중 고스톱: 나쁜 패라도 무조건 갖고 있다.

노무현 고스톱: 상대편에서 맞고를 치면 '맞습니다, 맞고요!'라고 외친다.

MB씨 고스톱: 손바닥에 패를 몇 장이나 숨기고 있는지 아무도 모른다.

:: 역대 대통령의 운전습관

이승만– 초보운전

박정희– 과속운전

최규하– 대리운전

전두환– 난폭운전

노태우– 졸음운전

김영삼– 음주운전

김대중– 안전운전

노무현– 모범운전

이명박– 역주행

∷ 소 한 마리

역대 대통령에게 소를 한 마리씩 주었다.

이승만 대통령이 말했다.

"이 소는 미제군."

박정희 대통령이 말했다.

"논부터 갈아야겠군."

전두환 대통령이 말했다.

"잡아먹어야겠군."

노태우가 말했다.

"뒷방에다 숨겨놔야겠군."

김영삼이 말했다.

"어디에다 써야 할지 모르겠군."

김대중이 말했다.

"가난한 북한에 줘야겠군."

노무현이 말했다.

"워낭소리를 들으니 눈물이 나는군."

MB씨가 소를 가만히 들여다보다가 말했다.

"안전하다니까! 나는 안 먹을 거지만…."

:: 풍산개

전두환, 노태우, MB씨에게는 풍산개가 한 마리씩 있었는데, 도둑이 와도 짖지를 않았다.

개에게 그 이유를 물었더니 다음과 같이 대답했다.

전두환 개 : 우리 주인은 가난해서 달랑 29만원밖에 없다. 짖을 게 뭐 있나?

노태우 개 : 우리 주인이 도둑놈인데 어떻게 짖나?

MB씨 개 : 우리 주인이 시도 때도 없이 짖어대는데 나까지 짖으란 말인가?

:: 배가 산으로 갈 때 대처법

박정희: 노 젓는 사람들을 패서라도 산꼭대기까지 올려 보낸다.

전두환: 29만원을 주고 노를 열심히 젓도록 독려한다.

노태우: 산으로 가든 물로 가든 관심 없다.

김영삼: 무조건 김대중을 욕한다.

김대중: 배가 산으로 가는 게 맞는지 따져본다.

노무현: 배를 바다로 돌려보낸다.

MB씨: 배가 산으로 갈 수 있도록 도로를 건설한다.

: : 대통령과 측근

이승만이 방귀를 뀌면?

"각하! 시원하시겠습니다."

박정희가 방귀를 뀌면?

"각하! 뭐라고 흉보는 놈들은 싹 쓸어버리겠습니다."

전두환이 방귀를 뀌면?

"각하! 죽을 때까지 비밀로 하겠습니다."

노태우가 방귀를 뀌면?

"각하! 각하께서 안 뀌었다고 믿어달라는 성명을 발표하겠습니다."

김영삼이 방귀를 뀌면?

"방귀를 뀌어도 새벽은 온다고 발표하겠습니다."

MB씨가 방귀를 뀌면?

"각하! 대운하도 뻥 뚫리겠습니다."

: : 코끼리를 냉장고에 **집어넣는 방법**

이승만

(귀국 전) 해외에서 '코끼리를 냉장고에 집어넣어야 합니다' 하는 육성녹음을 보내고 누군가 성공하기를 기다린다.

(귀국 후) 코끼리 머리만 대충 냉장고에 집어넣고 '사사오입'에 의해 다 들어갔다고 우긴다.

박정희

'하면 된다'는 구호를 벽에 써 붙이고 국민들을 독려한다. 그래도 안 되면 강아지를 고문해서 코끼리라고 자백하게 한 다음 냉장고에 넣는다.

최규하

대통령이 직접 코끼리를 냉장고에 넣는 것은 전례가 없는 일이라며 끝까지 안 하고 버틴다.

전두환

코끼리를 총으로 위협하여 집어넣는다. 코끼리가 안 들어간다고 버티면 통조림을 만들어서 넣는다.

노태우

강아지를 냉장고에 넣은 다음 코끼리라고 우긴다. 국민들이 의심을 하면 기자회견을 열어서 '믿어주세요'라고 호소한다.

김영삼

(집권 전) 호랑이를 잡으려면 호랑이굴로 들어가야 된다면서 자기가 먼저 냉장고로 들어가서 코끼리를 유인한다.
(집권 후) 장관들에게 코끼리를 집어넣으라고 시키고 안 되면 무조건 경질한다.

김대중

코끼리가 냉장고에 들어가도록 차근차근 설득한다.

노무현

코끼리가 냉장고에 왜 들어가야 하는지 토론한다.

이명박

한나라당을 시켜서 코끼리를 냉장고에 집어넣는 법안을 날치기로 통과시킨다.

: : 역대 대통령을 한 글자로 정리해보면?

박정희: 총

전두환: 돌

노태우: 물

김영삼: 꽝

김대중: 소

노무현: 멍

이명박: 삽

제6장 **온고이지신**

∷ 거짓말

MB씨가 길을 가다가 동네 아이들이 한곳에 몰려 있는 것을 보았다. 가까이 가보니 아이들은 개 한 마리를 둘러싸고 있었다.

MB씨가 물었다.

"너희들 여기서 뭐하니?"

한 아이가 대답했다.

"이 개는 길 잃은 개인데요, 지금 거짓말 대회를 열어서 가장 큰 거짓말을 하는 아이가 개를 갖기로 했어요."

"뭐라고? 거짓말 대회라니! 거짓말은 가장 큰 죄란다."

다른 아이가 물었다.

"그럼 아저씨는 한 번도 거짓말을 하지 않으셨어요?"

MB씨가 대답했다.

"그럼! 나는 지금껏 한 번도 거짓말을 한 적이 없단다."

그러자 아이들이 일제히 이렇게 말했다.

"야, 이 개는 저 아저씨 줘야겠다."

∷ 일자리

일자리를 구하지 못해 전전긍긍하던 백수가 MB씨 사무실에서 언론 담당 보좌관을 채용한다는 공고를 보고 지원서를 제출했다. 대학을 졸업한 뒤 몇 해 동안 여기저기에 수많은 이력서를 제출했지만 번번이 퇴짜만 당했던 백수는 오기가 발동하여 학력과 졸업증명서는 물론 자격증까지 모두 허위로 기재했다. 당연히 채용이 되리라고는 생각지 않았다.

그런데 지원서를 제출한 지 얼마 안 되어 MB씨로부터 전화가 걸려왔다.

"당신의 이력서는 과장과 왜곡, 그리고 거짓말투성이더군요."

백수가 짜증난다는 듯 말했다.

"그래요. 나도 알아요. 그래서 어떻다는 말입니까?"

MB씨가 말했다.

"그래서 말인데, 당장 내일부터 출근할 수 있겠습니까?"

:: 정치인

여성의 난자와 대권의 공통점은?

1. 내가 적임자라면서 개나 소나 전부 대가리를 들이민다.

2. 선택된 놈 말고는 다 죽는다.

정치인과 거지의 공통점 3가지

1. 낯짝이 두껍다.

2. 출퇴근 시간이 일정하지 않다.

3. 빌어먹을 놈이라는 욕에도 전혀 동요하지 않는다.

∷ 인생철학

MB씨가 엘리자베스 영국 여왕을 만나 인생철학을 물었다.

여왕이 대답했다.

"주위의 현명한 사람을 활용하는 것이죠."

MB씨가 실제 사례를 보여 달라고 하자 여왕은 토니 블레어를 불러서 물었다.

"당신과 같은 부모님의 자식인데, 당신의 형제자매가 아닌 사람은?"

블레어가 즉시 답했다.

"그건 바로 접니다."

귀국하자마자 MB씨는 측근을 시험해 보기로 했다.

MB씨는 먼저 이동관 홍보수석을 불러서 물었다.

"이 수석의 부모님의 자식인데, 이 수석의 형제자매가 아닌 사람은 누구지?"

이동관 수석은 즉시 답했다.

"그건 바로 접니다!"

그러자 MB씨는 불같이 화를 내며 야단쳤다.

"야 이 멍청아! 정답은 토니 블레어야!"

:: 왜 안 탔어?

어느 날 비가 몹시 쏟아져 홍수가 났다.

모든 사람들이 높은 곳으로 피난을 가느라고 난리가 났다.

하지만 MB씨는 신앙심이 깊어 하나님이 구해주실 거라 믿고 피난을 안 갔다.

비가 점점 차오르자 MB씨는 지붕 위로 피해 올라갔다.

비는 점점 세게 내리고 지붕도 얼마 안 있어 잠길 위험에 처했다.

MB씨는 간절히 기도했다.

"하나님 저를 이 위험에서 구해 주시옵소서~."

하지만 비는 그치지 않고 계속 내렸다.

땡돌이는 거의 익사하기 직전이었다.

그때 어느 사람이 보트를 타고 가다가 MB씨를 발견하고 타라고 했다.

그러나 MB씨는 하나님이 자기를 구해주실 거라면서 타지 않았다.

그러다 결국 그는 물에 빠져 죽고 말았다.

그는 하늘나라에 가서 하나님에게 따졌다.

"저는 신앙심이 깊어 하나님께서 구해주실 줄 알았는데 왜 안 구해주셨나요?"

그러자 하나님은 장부를 보더니 이렇게 말했다.

"내가 보트 한 척 보냈는데 왜 안 탔어?"

:: 가난한 과거

한 자선단체에서 MB씨를 찾아가서 기부를 부탁했다.

"우리 기록에 의하면 MB씨는 한 번도 기부를 해본 적이 없습니다. 이번 기회에 이웃을 위해 기부를 좀 해주시죠."

MB씨가 억울한 듯한 표정으로 말했다.

"내게는 아버지로부터 한푼의 유산도 물려받지 못한 가난한 어머니가 있습니다. 당신들 기록엔 그런 사실이 나와 있습니까?"

"…죄송합니다. 없습니다."

"그뿐만 아닙니다. 몸이 아파 평생 일을 할 수 없는 형이 있다는 사실도 나와 있습니까? 또, 남편을 잃고 어린 자식들과 함께 먹고 사느라 뼈빠지게 고생하는 누이동생이 있다는 사실은 알고 있습니까?"

"정말 죄송합니다. 우리 기록엔 그런 사실들이 전혀 나와 있지 않습니다. MB씨에게 그런 가슴 아픈 사연이 있는 줄 몰랐습니다."

그제야 MB씨가 환한 얼굴로 말했다.

"나는 그런 가족들에게도 아직 한 푼도 준 적이 없는데, 무엇 때문에 당신들한테 돈을 준단 말입니까?"

∷ 파업

동남아에 있는 건설 현장을 방문한 MB씨가 현장 감독에게 물었다.

"만약 파업이 일어나면 어떻게 합니까?"

현장 감독은 잠시 생각하더니 대답했다.

"Maybe they get fired."(글쎄요, 해고되지 않을까요.)

그러자 MB씨는 옆에 있던 여사님의 옆구리를 쿡 찌르며 말했다.

"들었지? 총살시켜버린다잖아."

:: 유언

어느 날 방송에서 MB씨가 눈물을 글썽이며 고백했다.

제 어머니가 남겨주신 유언이 바로 "정직하게 살아라"였습니다.

이 말을 듣자마자 채널을 휙 돌리면서 시청자들이 남긴 말.

"어쩌지…. 엄마 말도 안 듣는데 우리 말을 들을 턱이 있나!"

∷ 국가기밀 누설죄

평소 인터넷을 즐기는 민에르바는 MB氏에 대한 언론 기사들을 면밀히 검토한 다음 자신이 즐겨 방문하던 토론방에 의견을 올렸다.

"MB氏는 거짓말쟁이다!"

그는 즉시 구속되었다. 그의 죄명은 두 가지였다.

국가 원수 모독죄와 국가 기밀 누설죄.

∷ 사우나

MB씨가 민생 탐방을 위해 사우나에 갔다.

탕에 들어가 살펴보니 구석에 혼자 앉아 때를 밀고 있는 남자 한 명뿐이었다. MB씨가 반가운 마음에 남자에게 가서 때를 밀어주겠다고 말을 건네자, 남자는 목욕 대야로 사타구니를 가린 채 저쪽 구석으로 도망가는 게 아닌가.

MB씨가 남자에게 다가가 물었다

"아니 왜 절 피해 도망을 가십니까? 부끄러워서 그러십니까?"

남자는 대답했다.

"당신은 큰 것만 보면 민영화시켜서 팔아넘기려고 하잖아요?"

:: 언론자유

언론의 자유에 대해 두 사람이 설전을 벌이고 있었다.

"지난 정부 때는 그래도 언론의 자유는 보장을 해줬어요. 예를 들어 '노무현은 빨갱이다'라는 글을 신문에 투고해도 아무 일도 일어나지 않았습니다. 이게 언론의 자유라는 겁니다."

그러자 다른 한 명이 말했다.

"그 정도 언론의 자유는 지금 정부도 충분히 보장해주고 있습니다. 저도 최근 '노무현은 빨갱이다'라고 몇 번이나 신문에 투고했는데, 아무 일도 겪지 않았거든요."

∴ 신문

알렉산더와 줄리어스 시저와 나폴레옹이 한국을 방문했다.

알렉산더가 K-1전차를 보고 말했다.

"나에게 이런 전차 한 대만 있었어도 전 아시아를 정복했을 것이다."

줄리어스 시저가 K-2 소총을 보고 말했다.

"내 병사들에게 이런 총이 있었다면 전 세계를 정복했을 것이다."

옆에서 조선일보를 읽고 있던 나폴레옹이 말했다

"나에게 이런 신문이 있었다면 워털루에서 패한 것을 숨길 수 있었을 것이다."

:: 대단한 MB씨

출산장려대책을 논의하기 위한 국무회의가 열렸다.

대통령: 농촌(農村)이 노촌(老村)이 된 지 오랩니다. 지금처럼 출산율이 저조하면 30년 후에는 아예 '노인공화국'이 되고 맙니다. 출산율을 높일 대책을 말해보세요,

장관A: 두 자녀 이상을 둔 부모는 국가유공연금에 아파트 무상입주혜택 같은 특단의 조치가 필요할 것 같습니다.

장관B: 국가재정에 부담을 주는 방법은 안 됩니다. 돈이 없어요, 돈이!

갑론을박을 지켜보던 MB씨가 얘기했다.

대통령: 재정부담 없이 출산율을 높일 수 있는 아이디어가 떠올랐어요. 범국민적으로 '1시간 일찍 귀가하기운동'을 전개하는 것이 어떻겠습니까?

그러자 홍일점으로 참석한 전재희 보건복지부장관이 탄성을 질렀다.

전 장관: 어머머! 대통령께서는 정말 대단하십니다. 여자를 임신시키는 데 한 시간씩이나 필요하다니!!

강도

MB씨가 밤참을 사러 나갔다가 강도를 만났다.

"가진 돈 전부 내놔!"

"나는 이 나라의 대통령이다."

그러자 강도가 말했다.

"그럼 내 돈 돌려줘."

:: 바보들

대통령에 취임하자마자 미국산 쇠고기 파동으로 곤경에 처한 MB 씨. 촛불 시위대의 함성이 광화문을 뒤덮자 MB가 비서에게 다급히 지시했다.

"이봐, 저 소리 때문에 집사람이 잠을 자지 못한단 말이야. 어떻게든 방법을 찾아봐!"

비서가 대답했다.

"알겠습니다. 지금 즉시 청와대 전역에 방음벽을 설치하도록 조치하겠습니다."

그러자 MB씨 왈.

"이 바보야! 청와대에 방음벽을 둘러치면 그 비용은 어떻게 해? 우리 집사람의 귀에만 치란 말야!"

:: 거짓말

MB씨가 차를 타고 가다가 사고가 나서 전복이 되었다.

지나던 농부가 발견하고 잘 묻어 주었다.

경찰서에서 조사를 나와 농부에게 물었다.

"틀림없이 죽은 것을 확인했습니까?"

"하도 거짓말을 밥 먹듯 하는 사람이라 아직 안 죽었다고 하는데

믿을 수가 있어야지요."

∷ 국립묘지

MB씨가 차를 타고 가다가 강물에 빠졌다.

다들 구할 생각은 하지 않고 구경만 하는데 지나가던 학생이 물에 뛰어들어 MB씨를 구했다.

MB씨가 말했다.

"살려줘서 고맙다. 무슨 소원이든 들어줄 테니 소원을 말해라."

"내가 죽으면 국립묘지에 묻어 주십시오."

"앞길이 창창한 학생 소원이 왜 하필이면 국립묘지에 묻히는 것이냐?"

"제가 MB씨를 살린 걸 사람들이 알면 전 틀림없이 맞아 죽을 겁니다. 제가 죽거든 꼭 국립묘지에 묻어주세요."

∷ 암살

12월 31일 밤, 제야의 종 타종을 위해 MB씨가 종각에 올라선 순간, 군중 속의 한 남자가 권총을 꺼내 들고 MB씨를 겨냥하며 외쳤다.

"네 이놈, 정의의 심판을 받아랏!"

그러나 암살은 실패로 돌아갔고, 남자는 곧 경호원들에게 체포되었다.

취조실에서, 경호실장이 물었다.

"충분히 성공할 수 있었는데, 왜 암살에 실패한 거지?"

"내가 총을 빼들고 소리를 치는 순간, 주변의 사람들이 날 덮쳤소!"

"대통령을 지지하고 있는 국민들이 자네를 막은 거군."

"그게 아니란 말이오! 서로 자기가 쏘겠다면서 내 총을 빼앗으려고 하는 바람에 실패했단 말이오!"

：： 기쁨

MB씨와 보좌관이 헬기를 타고 순시에 나섰다.

MB씨가 말했다.

"여기서 천 원짜리를 한 장 떨어뜨리면 주운 사람이 되게 좋아할 거야."

보좌관이 말했다.

"만 원짜리를 떨어뜨리면 더 좋아할 겁니다."

옆에서 듣고 있던 조종사가 말했다.

"두 사람이 뛰어내리면 4천만이 다 좋아할 겁니다."

：： 우표

MB씨가 자신의 얼굴이 담긴 우표를 발행하라고 지시하고 판매 현황을 알기 위해 우체국을 방문했다.

"요즘 내 우표 잘 나갑니까?"

"인기가 없습니다. 우표가 잘 붙지 않는다고 고객들 불만이 큽니다."

그 말을 듣고 MB씨가 직접 우표 뒤에 침을 발라 붙여봤다.

"아주 잘 붙는데요?"

우체국 직원이 머뭇거리다 말했다.

"고객들은 앞면에다 침을 뱉습니다."

:: 누굴 살릴 수 있습니까?

MB씨가 보좌관과 모든 장관을 데리고 골프를 치러 가다가 사고
를 당해 긴급 후송되었다.

기자들이 몰려들어 의사에게 물었다.

"MB씨를 살릴 수 있습니까?"

"가망이 없습니다."

"보좌관은 살릴 수 있습니까?"

"그도 가망이 없습니다."

"그럼 누구를 살릴 수 있습니까?"

"국민을 살릴 수 있습니다."

:: 정신병자

MB씨가 정신병원으로 시찰을 나갔다.

모든 환자들이 일렬로 늘어서서 외쳤다.

"MB씨 만세!"

그런데 환자 하나가 무표정하게 MB씨를 쳐다보고만 있었다.

MB씨가 의사에게 물었다.

"저 사람은 왜 나를 환영하지 않소?"

"저 환자는 오늘 상태가 아주 정상입니다."

:: 환호

MB씨가 일왕과 만났다.

일왕이 자랑을 했다.

"내가 손만 한 번 흔들어도 시민들이 박수를 친다."

MB씨가 자랑했다.

"나는 온 국민을 환호하게 할 수 있다. 내가 행동에 옮기면 아마 그날이 국경일이 될 것이다."

일왕이 물었다.

"어떻게 하면 그렇게 할 수 있나?"

MB씨가 말했다.

"내가 대통령을 그만두면 그렇게 된다."

:: 왕편

MB씨의 3형제가 달력을 보고 있었다.

셋째가 말했다.
월화수목김토일.

둘째가 말했다.
야 이 바보야! 그건 김이 아니라 금이야!
월화수목금사일!

첫째가 말했다.
이런 바보. 그건 사가 아니라 토란 말이야.
월화수목금토왈.

이를 보고 있던 MB씨가 벌컥 화를 내며 말했다.
도무지 안 되겠군. 첫째야 가서 왕편 좀 가져오너라.

:: 오 마이 잣!

MB씨가 외국 정상들과의 만찬에서 연설을 하게 됐다.

단상에 오늘 MB씨가 원고를 보고 읽기 시작했다.

"레이디스 앤 겐틀맨!(Ladies and Gentleman!)"

깜짝 놀란 보좌관이 귓속말로 알려주었다.

"각하! 여기서 g는 'ㄱ'이 아니라 'ㅈ'으로 읽어야 합니다."

그러자 MB씨가 여유 있게 웃으면서 말했다.

"나도 알아! 내가 잠시 실수한 거야."

그리곤 외국 정상들을 향해 슬쩍 웃음을 지으며 말했다.

"오 마이 잣!(Oh my god!)"

:: 여자를 감동시키는 비결

잘 나가던 청년 실업가 시절, MB씨가 친구들에게 자신의 엄친아 여친을 소개했다.

한 친구가 부러운 듯 물었다.

"야, 어떻게 저런 퀸카를 물었어?"

MB씨가 씩 웃으며 대답했다.

"편지 한 방에 날려버렸지!"

"편지를 어떻게 썼기에 저런 여자가 너한테 넘어왔지? 비결 좀 알려주라."

"중요한 건 내용이 아니라 편지지야. 편지지를 좋은 걸 써야 한

방에 보낼 수 있거든."

"무슨 편지진데?"

"응, 백지수표!"

:: 얼마나 작기에

가슴이 작아서 고민하던 한 아가씨가 전문의를 찾아가 처방을 받았다.

"깨어 있는 동안에는 언제 어디서든 양팔을 떨어주세요. 그러면 가슴이 빵빵해집니다."

그날부터 아가씨는 의사의 지시대로 팔을 흔들기 시작했다.

아침에도 덜덜덜.

저녁에도 덜덜덜.

밤중에도 덜덜덜.

그러던 어느 날, 오빠로부터 남친을 소개받았다. MB씨라는 청년이었다.

그를 만나보기 위해 커피숍을 갔다. 하지만 팔을 떠는 게 몸에 밴 아가씨는 그만 티스푼을 바닥에 떨어트리고 말았다. 티스푼을 주우려고 탁자 밑으로 고개를 숙였더니 이게 웬일인가. 앞에 앉은 MB씨가 열심히 다리를 떨고 있는 것이 아닌가.

그 모습을 본 아가씨가 얼굴을 붉히며 물었다.

"얼마나 작기에 그렇게 떠세요?"

:: 비아그라 효과

아홉시 뉴스를 시청하던 MB씨가 비아그라를 싣고 가던 트럭이 한강에 추락했다는 뉴스를 보았다. MB씨는 즉시 경찰청장에게 전화를 걸었다.

"나 대통령인데, 지금 즉시 모든 한강 교량의 통행을 차단하시오."

"한강다리를 모두 통제하라니요? 무슨 비상사태라도 발생했습니까?"

무슨 영문인지를 몰라 어리둥절해하는 경찰청장에게 MB씨가 소리쳤다.

"한강물이 비아그라를 한 트럭이나 삼켰단 말이요! 그러니 모든 한강다리들이 다리를 치켜들 것 아니겠소?"

∷ 성공한 투자

MB씨가 신문을 펼쳐놓고 주식시세표를 살펴보다가 투자한 주식마다 손해를 보았다고 투덜거렸다. 옆에서 지켜보던 김 여사도 몇 달 전부터 다이어트를 시작했지만 오히려 살이 불었다며 울상을 지었다.

그러자 MB가 신문을 밀쳐 내며 이렇게 말했다.

"근래에 투자한 것치고 갑절로 불어난 건 당신밖에 없구려."

:: 절약 비법

한 청와대 비서관이 지갑을 꺼내들었다. 지갑 속에는 그의 아내 사진이 꽂혀 있었다.

그걸 본 MB씨가 물었다.

"자네는 아내를 무척 사랑하나보군. 지갑에다 아내 사진을 넣어 가지고 다니는 걸 보니까 말이야!"

"사랑하죠. 그런데 각하는 지갑에 사모님 사진 안 가지고 다니세요?"

"나도 있지. 하지만 난 아내 사진을 보면 혈압이 올라서 말이야."

"그런데 왜 사진을 넣고 다니세요?"

그러자 MB씨가 말했다.

"그래야 쓸데없이 지갑을 여는 일이 없거든, 그것이 나의 절약 비법이야!"

:: 양통제 兩統制

개헌을 주도하고 있는 국회의장을 만난 MB씨가 자신의 의견을 말했다.

"이왕 개헌을 하려면 양통제(兩統制)가 좋을 것 같아요."

"양통제라니요? 세상에 그런 제도가 어디 있습니까?"

펄쩍 뛰는 국회의장에게 MB가 하소연했다.

"우리나라는 두 명의 대통령이 필요하단 말이오. 당신도 알다시피 사사건건 대통령의 사과를 요구하는 사람들이 있으니 어쩌겠습니까. 사과문만 발표하는 대통령을 따로 둬야 하지 않겠어요?"

:: 당선 소감

MB씨가 국회의원에 당선되자 기자가 인터뷰를 요청했다.

"당선 소감을 말씀해주시죠."

"그저 놀라움의 연속일 뿐입니다."

"그게 무슨 말씀입니까?"

"우선은 나처럼 형편없는 사람이 당선된 것이 놀랍고, 두 번째는 대부분의 당선자들이 나처럼 형편없는 사람들이란 것이 놀랍고, 세 번째는 이런 형편없는 사람들이 정치를 하는데도 나라가 잘 돌아간다는 것이 놀랍고, 네 번째는 이 사람들이 다음에도 또 당선된다는 것이 놀랍습니다."

∷ 정신병자 감별법

MB씨가 정신과 박사를 찾아왔다.

"박사님은 정상인과 비 정상인을 어떻게 구별합니까?"

박사가 대답했다.

"숟가락과 찻잔과 양동이를 주면서 욕조에 담긴 물을 비우라고 한 다음 어떻게 하는지 관찰합니다."

그러자 MB씨가 그제야 알았다는 듯 무릎을 치면서 말했다.

"아하, 알겠습니다. 그러니까 정상적인 사람이라면 숟가락보다 큰 양동이를 택하겠군요."

그러자 박사는 MB씨를 한참 쳐다보더니 말했다.

"아닙니다. 정상적인 사람은 욕조 배수구 마개를 뺍니다."

:: 쥬느세빠

MB씨 부부가 프랑스로 여행을 갔다.

결혼식을 구경하다가 옆에 있던 사람에게 물었다.

"신랑이 누굽니까?"

"쥬느세빠(모릅니다)!"

다음 날 아침, MB씨 부부가 다시 성당에 들러보니 이번에는 장례식이 열리고 있었다. 옆에 있던 사람에게 MB씨가 다시 물었다.

"누구의 장례식입니까?"

"쥬느세빠(모릅니다)!"

대답을 들은 MB씨가 혀를 차며 말했다.

"참 안 됐군. 결혼한 지 하루 만에 장례식을 치르다니!"

:: 모르는 게 약

MB씨가 대국민 담화를 발표했다.

다음 날, 한 기자가 MB씨를 찾아와 말했다.

"MB씨가 어제 한 연설에 대해 국민들이 헷갈려하고 있습니다. 이런 말 같기도 하고, 저런 말 같기도 하고…."

그러자 MB씨가 말했다.

"그게 바로 내가 원하던 거라구! 그런 연설문 만드느라고 일주일이나 꼬박 고생을 했잖아!"

:: 포맷해 주세요

MB씨가 중병에 걸려 의사를 불렀다.

진찰을 마친 의사가 말했다.

"당신의 뇌에는 심각한 바이러스가 침투해 있습니다. 지금의 의학 수준으로는 도저히 고칠 수가 없습니다."

MB씨가 물었다.

"약물로 치료가 안 됩니까?"

"안 됩니다."

"수술을 하면 안 됩니까?"

"수술도 안 됩니다. 그 어떤 치료법도 없습니다."

그러자 옆에 있던 보좌관이 한마디 거든다.

"그럼, 포맷해 주세요. 어차피 2MB밖에 안 되는데 뭐."

:: 데모 버전

마침내 MB씨는 죽음을 맞이하게 되었다. 염라국으로 올라가니 염라대왕이 천국과 지옥의 모습을 모니터로 보여주면서 마음에 드는 곳으로 고르라고 했다.

'요즘은 하늘나라도 아주 신식이구먼!'

MB씨는 속으로 생각하며 열심히 모니터를 바라보았다.

모니터에 나타난 천국은 아름답기는 하지만 어딘가 맥이 빠져서 심심해 보이는 반면 지옥은 '마사지 걸'을 비롯한 온갖 미녀들이 반라의 몸으로 어서 오라고 손짓을 하고 있는 것이 아닌가. MB씨는 두 말 않고 지옥을 택했다.

그런데 막상 지옥에 도착해보니 모니터에서 본 모습은 온데간데 없고, 독사와 불구덩이가 가득한데다 여기저기 삽을 든 저승사자들만 가득했다.

화가 난 MB씨는 염라대왕에게 항의했다.

"이게 뭡니까? 아까 모니터에서 본 것하고는 완전 딴판이잖아요!"

염라대왕이 대답했다.

"그건 데모버전이었느니라. 평소 네가 하던 것처럼 했는데, 왜?"

:: 벌써 만 번이나?

결혼한 지 10년이 지나도록 아이가 없던 부부가 마침내 아이를 낳게 되었다. 그것도 무려 네쌍둥이였다. 축하하러 온 친구들 앞에서 친구가 자랑스러운 듯이 말했다.

"의사 선생님이 그러시는데, 네쌍둥이를 낳을 확률은 1만분의 1밖에 안 된대!"

이 말을 듣고 있던 MB씨가 입을 쩍 벌리고 부러운 듯이 물었다.

"세상에…. 니들은 벌써 만 번이나 했단 말야?"

:: 조난

어부들이 바다 한가운데서 조난을 당했다.

구조신호를 아무리 타전해도 해양경찰에서는 아무런 응답신호가 없었다.

하루가 지나자 어부들은 서서히 불안에 떨기 시작했다.

"만약 해양경찰이 우리를 구하러 오지 않으면 어떡하지?"

그러자 무전을 담당한 어부가 모두를 안심시켰다

"걱정 마. 반드시 해양경찰은 우리를 찾을 거야. 구조신호 SOS 대신 'MB씨 개XX'라고 무전을 보냈거든."

: : 라디오

한 남자가 새 차를 구입했는데, 사용설명서에는 이런 설명이 붙어 있었다.

"이 차에 장착된 라디오는 음성인식으로 작동합니다."

남자가 '소녀시대'라고 말하자, 즉시 소녀시대의 노래가 라디오에서 흘러 나왔다.

'베토벤'이라고 하자, 다시 라디오에서는 9번 교향곡이 흘러 나오기 시작했다.

새 차와 음성 인식 라디오에 만족한 남자는 즐거운 마음으로 시내 드라이브를 나갔다가 교차로에서 신호를 무시하고 달려오는 트럭과 하마터면 충돌할 뻔했다.

"앗 저런! 야 이 개XX야!"

놀란 남자가 외치자 라디오에서는 다음과 같은 멘트가 흘러 나왔다.

"지금부터 라디오 연설 '안녕하십니까 대통령입니다'를 들으시겠습니다."

:: 미래의 정치가

한 어머니가 아들의 미래를 알아보기 위해 용한 점쟁이를 찾아갔다. 점쟁이는 돈다발과 성경, 그리고 술을 한 병 탁자 위에 올려놓고 말했다.

"만일 아드님이 돈다발을 집어 들면 큰 부자가 될 것이고, 성경책을 집어 들면 성직자가 될 것입니다. 그리고 술병을 집어 들면 주정뱅이가 될 것입니다."

갓난 아들은 탁자로 기어가 이것저것 살펴보더니 돈다발을 집어 들었다. 그리고 또 한 손으로 성경을 집어 겨드랑이에 끼더니 술병까지 움켜잡았다.

점쟁이가 한숨을 쉬며 말했다.

"안됐지만 아드님이 대통령이 될 것 같습니다."

:: 법정 스님

Q. 저, 또 궁금한 게 생겼는데요.

법정 스님은 열반 후에 어디로 가셨을까요?

A1. 무소유를 실천하셨으니 극락으로 가셨을 거예요.

– 보통사람

A2. 김수환 추기경님이랑 천국에서 같이 거닐고 계시지 않을까요?

– 가톨릭 신자

A3. 당연히 지옥으로 갔지! 예수 천국, 불신 지옥 몰라?

– 장경동 목사, 김성광 목사

:: 선거 포스터

지구대 앞 게시판에 국회의원 입후보자의 포스터가 죽 붙어 있었다. 술 취한 사람이 경찰에게 비틀거리며 다가가, 혀 꼬부라진 소리로 물었다.

"경찰아저씨! 여기 붙어 있는 이놈들은 대체 무슨 죄를 지은 놈들입니까?"

"여보세요, 이건 현상수배 사진이 아니라 선거용 포스터예요!"

그러자 술 취한 사람이 딸꾹질을 한 번 하더니 말했다.

"아하, 앞으로 나쁜 짓을 골라서 할 놈들이구먼!"

:: 비둘기 똥

한 남자가 자신이 키우는 비둘기에게 먹이를 주면서 친구에게 말했다.

"비둘기들은 그 분하고 비슷한 것 같아."

그러자 친구가 물었다.

"그게 무슨 소리야?"

비둘기를 키우는 남자가 말했다.

"땅에 있는 동안에는 고개를 조아리고 내가 주는 모이를 주워 먹지만, 하늘로 날아오르면 밑에 있는 우리를 향해 똥을 싸대거든."

:: 공통점 3

정치와 흡연의 공통점

1. 끊기가 어렵다.

2. 가슴이 아프다.

3. 침을 뱉는다.

4. 냄새가 난다.

5. 19세 미만은 참여하기 어렵다.

6. 하는 사람만 하는데 여러 사람이 피해본다.

7. 욕을 많이 먹는다.

8. 술자리에서 특히 즐기는 안주거리다.

:: 하물며 도둑에게도 의리가 있는데…

① '도둑의 성'은 남이 어떤 물건을 가지고 있는지 알아내는 재간이다. 훔칠 만한 물건을 미리 정해놓고 도둑질하는 것이다. 닥치는 대로 아무것이나 훔치면 안 된다.

② '도둑의 용'은 남보다 먼저 훔치는 것이다. 그러기 위해서는 도둑질하는 방법을 끊임없이 탐구하고 개발해야 한다.

③ '도둑의 의'는 도둑질이 끝나면 동료들을 먼저 내보내고, 맨 나중에 나오는 것이다. 자칫 붙들리면 큰일이지만, 그래야 의리 있는 도둑이라는 명성(?)을 남길 수 있다.

④ '도둑의 지'는 때를 노리는 것이다. 도둑질에도 타이밍이 있다. 아무 때나 하면 안 되는 법이다. 시도, 때도 없는 도둑은 곤란하다.

⑤ '도둑의 인'이란 도둑질한 재물을 공평하게 나누는 것이다. 그래야 '좋은 도둑'이다. 혼자 독차지하는 도둑은 '나쁜 도둑'이다.

:: 침묵

2010 춘계 고연전(연고전) 정기전이 열렸다.

한창 열띤 응원전이 펼쳐지고 있는 가운데, 고려대 쪽에서 구호가 터져나왔다.

"김연아! 김연아!"

연세대 응원단은 잠시 침묵에 빠져들었다.

이윽고 연대생들이 구호를 외치기 시작하자 고대생들은 경기가 끝날 때까지 아무 말도 하지 않았다.

"이명박! 이명박!"

2010학년도 국민생존능력시험

명박 영역

| 성명 | | 수험 번호 | | − | |

제1교시 참수형 1

○ 먼저 문제지에 성명과 수험 번호를 정확히 기입하시오.

○ 답안지에 수험 번호, 응시 계열, 답을 표기할 때에는 반드시 '수험생이 지켜야 할 일'에 따라 표기하시오.

○ 문항에 따라 배점이 같습니다. 모두 3점씩입니다.

1번부터 5번 문제까지는 그림을 보고 푸는 문제입니다.

1. 이명박 대통령과 조지 부시 미국 전 대통령이 2009년 8월 제주도의 모처에서 환담했다. 이 사진에서 부시 전 대통령이 한 말은 무엇일까?

ⓒ 청와대

① 어디서 다리를 꽈? 안 풀어?

② 재산을 사회에 기부한 것은 대단한 일이다.

③ 값싸고 질 좋은 미국 쇠고기, 어때? 국민들이 좋아하지?

④ 나는 백색 고양이, 오바마는 흑색 고양이. 백묘흑묘, 마우스 리(Mouse Lee) 어때? 무섭지 않아?

⑤ 내 임기 동안 네가 한국 대통령이었으면 얼마나 좋았을까 싶다.

2. 이명박 정부 치하에서 녹을 받고 있는 다음 두 경찰은 지금 무슨 이유로 이런 포즈를 취하고 있을까?

ⓒ 오마이뉴스

① 같은 날 생일이라 동시에 불을 끄고 있음.

② 휘파람 행진곡을 연주하고 있음.

③ 시국집회를 막기 위해 촛불을 끄고 있음.

④ 커밍아웃 후 키스에 돌입하려던 상황임.

⑤ 스마트 촬영을 위해 얼짱 각도로 조정하고 있음.

3. 다음은 연세대학교 총동문회가 서정갑 국민행동본부장을 '자랑스러운 연세인'으로 선정하자, 이에 반발한 일부 연세대 동문들이 〈한겨레〉에 낸 광고이다. 다음 광고문안 중 "쥐구멍이라도 있으면 숨고 싶습니다만" 뒤에 들어갈 말은 무엇일까?

① 쥐구멍이 너무 작아 못 들어간다.

② 쥐새끼가 웅크려있어 못 들어간다.

③ 페스트균이 옮을까 봐 못 들어간다.

④ 쥐구멍이 이번에 세종시로 이전하게 됐다.

⑤ 쥐가 "지금은 곤란하다. 기다려 달라"라고 애원하고 있다.

4. 다음 사진은 언제 어떤 행사를 촬영한 것일까?

① 4.19 50주년 기념행사

② 천안함 진실 은폐 규탄 집회

③ 언론장악 음모 폭로 기자회견

④ '지금은 곤란하다' 독도 발언 규탄 침묵시위

⑤ 이 대통령 망명 촉구 오사카 부동산협회 판촉 이벤트

5. 아래 사진의 상황에서 만약 이명박 대통령이 방아쇠를 당길 경우, 병원에 실려가 어떤 과 의사에게 치료를 받게 될지 보기 중 골라라.

① 비뇨기과 ② 신경정신과 ③ 항외과

④ 성형외과 ⑤ 국립과학수사연구소 부검의

> 그림 문제가 끝났습니다. 6번 문제부터는 문제지 지시에
> 따라 푸세요.

제 2 교시 꼴통형   2

6. 2009년 11월 12일 청와대에 대한 국정감사에서 김정훈 한나라당 의원이 이명박 정부 청와대가 노무현 정부 청와대보다 나은 점이 무엇이냐고 물었다. 이에 대해 박재완 청와대 국정기획수석이 답한 내용으로 아닌 것을 보기 중 골라라.

    ① 직원들이 일찍 출근한다.

    ② 직원들이 이면지를 사용한다.

    ③ 피가 모자라면 직원들이 헌혈한다.

    ④ 추우면 직원들이 내복을 입는다.

    ⑤ 예산을 절감해 혈세를 아꼈다.

7. 이명박 대통령은 2008년 8월 26일에 식품의약품안전청을 방문해 "(독성 물질인) 멜라민 성분이 포장지에 왜 표시되지 않았느냐"라고 말했다가 빈축을 샀다. 이와 비슷한 발언으로 실제 했던

것을 보기 중 골라라.

① 참다래 농장에 가서
   "미생물 어디 있어? 안 보이네?"라고 한 점.
② 낙동강에 가서 "4대강 중에 나머지 3대강은 어디 있어?
   안 보이네?"
③ 백령도에 가서 "천안함이 왜 관할구역 천안을 넘어
   여기(인천 백령도)까지 왔느냐? 속초함은 또 왜 여기 있고?"
④ (난초에 대한 집착으로 무소유 정신을 정립하게 된)
   법정스님이 위중하자 '쾌유 기원' 리본을 단 난초 보내라 지시.
⑤ 아이폰을 보고는 "어른폰은 언제 나오느냐"고 물음.

8. 이명박 대통령이 2009년 8.15 광복절을 맞아 150만 명 사면 계
획을 공표했다. 다음 중 참여정부 시절, 대통령 사면과 관련한 한
나라당 의원의 의견으로 아닌 하나를 골라라.

① 법치주의 근간을 흔드는 것으로써 사면권의 남용이요,
법치주의의 파괴라고 하지 않을 수 없다.
② 특별사면이 재발되지 않도록 사면권을 제한하는 입법 추
진이 필요하다고 생각한다.
③ 이제 와서 사면권을 남발한다고 (돌아선 민심을 뜻하는)

'엎질러진 물'을 담을 수 있겠는가?

④ 국민감정을 무시한 채 대통령이 사면권한을 행사했다.

⑤ 국민적 기대와 열망이 반영된 것이다.

9. 이명박 대통령이 2010년 1월, 인도와 스위스 순방 당시 딸과 손녀를 동반해 물의를 빚었다. 이 이명박 대통령을 장광근 당시 한나라당 사무총장은 무슨 이유를 들어 동반 사실을 두둔했을까?

① 딸과 손녀가 좌빨에게 테러당할까 염려돼서

② 가족적인 지도자의 모습을 보이려고

③ 김수로왕의 후손임을 외국에 홍보하려고

④ 손녀 교육을 위해 위장 전입 신고하러 가려고

⑤ 히딩크 감독이 현지로 훈련 온다고 해서 사진 찍기 위해

10. 다음 먹을거리의 공통점을 보기에서 골라라.

―――――〈다   음〉―――――
인절미, 떡, 호떡, 오이, 과자, 산 낙지, 국밥, 순대국밥, 옥수수빵, 풀빵, 수제비, 고추, 생굴, 아이스크림, 어묵, 떡볶이, 뻥튀기, 쌀국수

① 이명박 대통령이 한 때 장사했던 품목들

② 이명박 대통령이 시장에 들러 시식했던 것들

③ 이명박 대통령이 직접 물가 관리했던 52가지 품목들

④ 이명박 대통령이 하나님께 봉헌한 한국 음식들

⑤ 이명박 대통령이 벙커에서 자주 주문한 점심 메뉴들

11. 다음 발언의 주인공을 보기에서 골라라.

───〈다　음〉───

"우리는 세상을 너무 쉽게 둘로 갈라 나는 옳고 너는 틀렸다고 주장해왔습니다. 이러한 이분법은 우리의 삶을 메마르고 초라하게 만들어 버렸습니다."

① 안상수 전 한나라당 원내대표

② 조갑제 전 〈월간조선〉 대표

③ 유인촌 문화체육관광부 장관

④ 조전혁 한나라당 의원　　　⑤ 이명박 대통령

12. 이명박 대통령은 자신이 배를 만들어 봤기에 이번 천안함 침몰 사건의 배경에 대해 아는 바가 있다고 주장했다. 다음 중 이명박 대통령이 '한 때 해본 것'이라며 언급하지 않은 것은 무엇일까?

① 민주화 운동

② 비정규직 노동자 생활

③ 뺑튀기 장사

④ 자살 충동

⑤ 쌍꺼풀 수술 고민

13. 김은혜 청와대 대변인이 법정 스님이 입적하자 고인의 저서인 '조화로운 삶'을 과거 이명박 대통령이 추천한 바 있었다고 밝혔다. 그러나 이 '조화로운 삶'은 출판사 이름인 것으로 드러났다. 이명박 대통령이 그동안 자신이 읽은 책이라며 언론에 밝힌 것으로 아닌 것을 보기에서 골라라.

① '씨크릿'

② '역사를 바꾸는 리더십'

③ '도덕적 인간, 비도덕적 사회'

④ '사랑하라 한 번도 상처받지 않은 것처럼'

⑤ '이명박 리포트'

14. 다음은 2008년 3월에 발행된 〈주간동아〉 629호 기사 중 한 부분이다. 다음 중 빈칸에 들어갈 말을 보기 중 찾으라.

─〈다 음〉─
대선을 한 달여 앞둔 어느 날. 류우익 현 대통령실장이 모 교수에게 'MB의 국정운영 철학 프로듀싱'을 요청한다. 전문경영인(CEO) 출신 후보의 '(   ) 부재'를 메워달라는 '특명'과 함께.

① 싸가지　　② 도덕성　　③ 철학

④ 양심　　　⑤ 정치적 센스

15. 다음 보기 중 4개는 한 사람을 풍자한 것이다. 풍자 대상이 다른 것 하나를 골라라.

① BBK는 내가 설립했지만 나와는 상관없는 일이다.

② 전직 대통령을 제대로 예우하겠지만 전직 대통령과 옷깃만 스치더라도 그 사람을 다 조사하겠다.

③ 친환경 녹색성장을 추구하겠지만 그린벨트는 해제한다.

④ 언론 장악은 절대 할 수 없지만 방송사 사장은 특보가 해야 한다.

⑤ 우리말을 아름답게 가꿔야 하지만 나는 '이에 XX, 성질 뻗쳐'라고 말한다.

16. 이명박 대통령이 2010년 2월 18일에, 막말 문화에 대해 비판적으로 언급했다. 누구의 어떤 발언을 문제 삼은 것일까?

① "XX, 성질 뻗쳐!", 유인촌 문화체육관광부 장관

② "어떤 X 좋으라고 그걸 해?", 진수희 한나라당 의원

③ "대구 경북 X들, 문제 많다!", 이동관 청와대 홍보수석

④ "네가 퍼먹어, 이X야!", 국밥집 욕쟁이 할머니 강종순 씨

⑤ 막말과 망신주기를 남발하는 텔레비전 청소년 프로그램

17. 우리나라의 IT 분야 경쟁력이 갈수록 떨어지고 있다. 이에 대해 이명박 대통령의 그릇된 인식을 문제 삼는 목소리가 크다. 그 동안 있었던 IT 관련 MB 발언으로 아닌 것을 보기 중 골라라.

① "IT는 일자리를 많이 만들 수 없다."
② "나도 한때 게임 중독자였다."
③ "트위터에 140자만 입력하다니 너무 적다"
④ "닌텐도, 우리는 왜 못 만드나"
⑤ "나는 불도저가 아니라 컴퓨터 달린 불도저다"

18. "새로운 상권을 마련해주겠다"며 청계천 상인을 꼬드겨 서울 송파구 장지동 가든파이브로 이전시킨 사람은 당시 서울시장 이명박 대통령이다. 터무니없이 높은 분양가에, 외지에 위치한 상권으로 상인들은 "속았다"며 분노하고 있다. 이명박 대통령이 가든파이브와 관련해 언급한 발언이라며 상인들이 소개한 것으로 맞는 것을 보기 중 골라라.

① "서울시는 이미 하나님 것이다. 내 소관이 아니다."
② "나도 한 때 장지동에 가서 장사했다. 대박 났다."
③ "이제 여러분은 값싸고 질 좋은 상권을 얻게 됐다."

④ "분양가를 평당 500만~600만 원, 헐값으로 해주겠다."

⑤ "가든파이브? 갈빗집 이름이냐?"

19. 등록금 정책에 관해 이명박 대통령이 후보 시절부터 여러 입장을 표명했다. 지금까지 이명박 대통령과 이명박 대선 캠프가 밝힌 등록금 관련 입장 및 공약으로 아닌 것을 골라라.

① 등록금을 지금의 반값으로 하겠다.

② 나는 '등록금 반값'을 약속한 바 없다.

③ 등록금 인상, 학생에게 나쁜 영향 미친다.

④ 등록금 상한제(등록금 인상 제한 정책)를 반대한다.

⑤ 등록금 올라가면 장학금 받으면 된다.

20. 2010년 2월 2일, 한 학생이 "왜 공약한대로 등록금을 반값으로 하지 않느냐"라고 묻자, 이명박 대통령이 "싸면 좋겠지"라며 말끝을 흐렸다. 이때 숙명여대 총장을 지낸 이경숙 한국장학재단 이사장이 급히 나서서 대통령 대신 답변했다. 뭐라고 했는지 보기 중 골라라.

① 어디 대통령 앞에서 찍찍대? 너 '어린 쥐' 맞지?

② 너 뒷조사 당하고 싶구나? 내가 해주랴?

③ 등록금 반값이 아니라 가계 부담을 반으로 줄인다는 뜻이었다.

④ 등록금이 너무 싸면 교육의 질이 낮아진다.

⑤ 우리나라만큼 등록금이 싼 나라가 어디 있느냐?

21. 이명박 대통령의 대선 후보 당시 이른바 '국밥 CF'에서 나왔던 성우 멘트로 맞는 것을 골라라.

① 이명박은 밥 먹는 시간도 아깝다고 생각합니다.

② 이명박은 주인아줌마보다 욕을 더 잘합니다.

③ 이명박은 이 CF만든 사람을 KBS사장 시킬 겁니다.

④ 이명박은 미국 쇠고기 수입으로 원가절약을 도모할 겁니다.

⑤ 이명박은 나라도 말아먹을 것입니다.

22. 〈동아일보〉가 발행하는 월간지 〈신동아〉와의 인터뷰에서 김 우룡 방송문화진흥회 이사장은 "김재철 사장이 큰 집에 가서 조 인트를 까이고는 MBC 내에 좌파 80%를 정리했다"라고 밝혀 파문 을 일으켰다. 이명박 대통령이 이 문제 때문에 이동관 홍보수석 을 불러, 엄하게 한마디 했다. 뭐라고 했을까?

① 일단 동관이 너도 조인트 한 대 맞고 이야기 시작하자.

② 종합편성채널은 〈조선〉〈중앙일보〉 것이 됐다고 전해라.

③ 그때 김재철 사장이 나한테 와서 "(좌파 적출 위한 MBC 인 사개편,) 지금은 곤란하다. 기다려 달라"고 해서 날 약 올

린 것으로 판단해 조인트 깐 거라고 해명해.

④ 당신은 〈동아일보〉 출신인데, 이런 기사 나가도록 뭐 했나?

⑤ 나대신 우룡이와 〈동아일보〉 사장에게 조인트 한 대씩 잊지 말아라. 물론 뾰족구두 신고.

23. MBC 장악 논란의 핵심 당사자인 김우룡 전 방송문화진흥회 이사장이 학자 시절에 썼던 칼럼 또는 논문으로 아닌 것을 골라라.

① 방송개혁은 정치권력으로부터 독립해야 가능하다.
② 언론이 정부에 통제되거나 장악되면 모든 자유가 유린될 가능성이 있다.
③ 정치적 임명을 받은 자는 그 은혜를 잊지 못한다.
④ 좌파의 방송장악은 불가하지만 우파의 장악은 상관없다.
⑤ 영국 BBC는 방송인들의 열정으로 중립성을 지켜냈다.

24. 이명박 대통령이 이번 천안함 침몰 사건과 관련해 했던 발언으로 틀린 것을 골라라.

① 나도 물속에 들어가고 싶다.
② 해군이 초동대응을 참 잘했다.
③ 위기 때에 최전방 찾은 국가원수는 내가 처음일 것이다.
④ 백령도 왔으니 꽃게는 먹어주고 가야지.

⑤ 장병들에게 명령한다. 푹 쉬어라.

25. 해군 천안함 침몰사건이 발생하자 청와대에서 안보관계장관 회의가 열렸다. 다음은 참석자 명단이다.

───────〈다　음〉───────

이명박　대통령, 유명환　외교통상부　장관, 현인택　통일부 장관, 김태영　국방부장관, 정정길　대통령실장, 김성환　외교안보수석, 이동관　홍보수석, 권태신　국무총리실장, 원세훈　국가정보원장

만약 계급별로 서열을 매겨, 이른바 '줄 빠따'를 할 경우, 이명박 대통령은 보기 중 누구로부터 얼차려를 받게 될까?

① 김태영 국방부장관
② 유명환 외교통상부 장관
③ 원세훈 국가정보원장
④ 이동관 홍보수석
⑤ 김성환 외교안보수석

26. 보를 없앤 뒤 깨끗해진 울산 태화강을 두고 이명박 대통령은 무엇이라고 했을까?

① 북한 잠수함이 강까지 거슬러 올라와 수면 아래에서 어뢰를 발사해 보를 파괴했다.

② 보를 없앤다니, 지금은 곤란하다. 기다려달라.

③ 태화강을 4대강의 모델로 삼아야 한다.

④ 태화강과 낙동강 사이에 물길을 놓아 한반도 대운하의 시금석으로 삼아야 한다.

⑤ 나도 한 때 청계천을 복원해 봤다.

27. 보기 중 4대강과 관련해 정부가 했던 거짓말이 네 가지가 있다. 나머지 한 가지(하지조차 않았던 말)를 골라라.

① 여론을 충분히 수렴한 다음, 추진해야 한다.

② 우리는 UN이 정한 물 부족 국가이다.

③ 5급수 낙동강 하류는 자연습지, 철새, 물고기가 전무하다.

④ 수질탐사 '물고기 로봇'으로 수질오염을 방지하겠다.

⑤ 시화호의 물을 가둬도 수질이 개선됐다.

28. 4대강 사업으로 수몰될 위기에 놓인 문화재로 아닌 것을 보기 중 골라라.

① 괴헌고택 ② 덕실마을 전역

③ 하회마을 만송정 숲

④ 한강하류 재두루미 도래지

⑤ 토석혼축 제방

29. 세종시와 관련해, 보기에 나오는 인물과, 그 인물이 한 일을 틀리게 짝지은 것이 보기 중 있다. 이를 골라라.

① 이상득, 수도이전법 통과하도록 한나라당 의원들 설득

② 김영삼, 11개 중앙행정기관, 대전으로 옮기겠다고 약속

③ 진수희, 전여옥, 전재희, 임태희, 정몽준, 행복도시법 찬성

④ 이명박, "대통령되면 행정도시 안 만든다? 이건 모략" 강조

⑤ 정운찬, "수정안 가결되면 세종시에서 삼겹살 굽겠다" 약속

30. 이명박 대통령은 그간 십 수 차례 세종시 원안 추진을 다짐했었다. 이런 가운데 2009년 11월 15일자 〈중앙선데이〉에 나온 주호영 특임장관의 발언이 화제였다. 괄호 안에 들어갈 말을 보기 중 골라라.

─────〈다　음〉─────

"한나라당 조해진 대변인에 따르면 이 대통령은 (　　　)라고 말했다고 한다."

① '원안대로 하겠다'는 말에 '나는'이라는 주어가 빠졌으니 무효이다.

② 나는 더 이상 인기 얻고 인정받는데 연연하지 않는다.

③ 박근혜의 훼방이 심하다. 군대를 동원해서라도 막고 싶다.

④ '더 나은 명품 도시를 만들겠다'고 했지 '원안대로 하겠다'는 말은 안 했다.

⑤ 국민과의 약속을 못 지켰으니 마땅히 사과해야 한다.

객관식 문제가 끝났습니다. 31번 문제부터는 주관식 문제가 이어집니다.

제 3교시 막무가내형

3

31. 도심 한 복판 총격전 촬영으로 화제를 모은 드라마 '아이리스' 의 열혈 시청자 중에 이명박 대통령도 있다. 이명박 대통령이 밝히는 '아이리스' 시청 이유를 적어라.

32. 다음 빈칸에 들어갈 두 자의 낱말을 써라.

─────〈다 음〉─────

"당내 계파 갈등이 있다는 것은 □□"

"나를 친 재벌, 친 부자라 하는 것은 □□"

"감세가 부자 위한 것이란 건 □□"

33. 다음 그림을 보고 이명박 대통령에게 낚인 물고기와 정운찬 국무총리의 공통점을 200자 이내로 논술하시오.

상기 내용은 2009년 7월부터 방송된 한겨레신문 인터넷방송 하니TV '김어준의 뉴욕타임스→김용민의 시사장악퀴즈'의 '기출 문제'입니다. 이 책의 편저자인 김용민 시사평론가가 출제했습니다. ⓒ 김용민

1. 부시가 다리 꼰 이명박을 만나서 한 이야기는?

② 재산을 사회에 기부한 것은 대단한 일이다.

2009년 8월 1~2일 제주도를 찾은 조지 W. 부시 미국 전 대통령은 이명박 대통령이 자신의 재산 331억 원을 기부한 결단을 높이 평가했다. 그러나 이 기부는 이미 1년 9개월 전에 약속했던 것이다. 주가 조작으로 물의를 빚었던 'BBK'라는 회사를 자신이 직접 소유했다는 의혹이 대선 막바지 돌출변수로 떠오르자, 이를 무마하기 위한 방편으로, 대선 직전, 전 재산 헌납을 공언한 것이다.

하지만 막상 당선된 이명박 대통령은 한동안 '구상 중'이라며 입을 굳게 닫았다. 그러다 검찰을 동원한 이른바 '추노(推盧, 노무현 전 대통령에 대한 전방위 수사)' 때문에 노무현 전 대통령을 서거의 구렁텅이로 몰았다는 의혹이 크게 일어나면서 지지율이 추락하자 이를 만회하기 위해 어쩔 수 없이 실행에 옮긴 것이다.

그러나 헌납한 재산은 '장학재단'으로 들어갔고, 이 재단의 활동가들은 자신과 친분이 있는 이들이거나 친인척이다. 결국 기부했다는 돈 331억 원을 자신의 영향력 아래 둔 셈이다. 상당수 누리꾼들은 "사회복지 공동모금회를 통해 헌납하면 깨끗했을 문제"라며 재산 기부의 진정성을 의심했다.

2. 두 경찰은 무슨 이유로 입술을 모은 포즈를 취하고 있을까?

③ 시국집회를 막기 위해 촛불을 끄고 있음.

2010년 3월 31일 서울시청 맞은편의 대한문 앞. 몇몇 시민들이 천안함 실종자의 무사 귀환과 진상규명을 염원하는 '촛불'을 켰다. 아니나 다를까, 경찰이 달려들었다. 그리고 사진에 나오듯 입김을 내불었다. 현 정권의 '촛불 공포'를 여실히 보여주는 대목이다.

이명박 정부는 2008년 한미FTA 비준을 조건으로 미국산 쇠고기 수입을 사실상 전면 허용하는 내용의 굴욕적 대미 협상을 벌였다. 그러자 수백만의 국민들은 촛불을 들고 거리로 나와 정권을 향해 비판의 메시지를 전파했다. 여기에 놀란 권부, '반대세력의 기를 누르지 못하면, 대운하나 언론장악 등 정권 차원의 추진 과제가 수포로 돌아갈 수 있다'고 봤다. 그래서 '법질서 확립'이라는 미명 아래 시위 참가 시민을 불법 집회 참여자로 몰아 가혹하게 탄압했다. 유모차를 몰고 나왔던 어머니가 겁박당하는 사건도 이때 벌어졌다.

그런데 재밌는 사실은, 이날 일단의 사용자들이 '아이폰 촛불'을 치켜든 것이다. 촛불 모양의 동영상이 화면 한가득 뜬 애플 아이폰을 본 경찰은 당황했다. 그때 경찰 가운데 누군가 "저거 다 압수해서 충전기와 분리시켜!" 하고 소리쳤다. 그러나 경찰의 기대와 달리, 아이폰은 충전기와 본체를 분리할 수 없는 기계다. 설령 분리가 가능하다고 치자. 마음의 촛불마저 끌 수는 없는 법이다. 참 아둔한 정권이다.

3. '이 대통령 하야하라'는 펼침막 든 두 남녀의 모습, 언제 무엇 때문에 촬영한 것일까?

① 4.19 50주년 기념행사

2009년 5월 31일 노무현 전 대통령의 영결식 이틀 뒤, 나는 당시 진행하던 라디오방송에서 다음과 같은 오프닝 멘트를 했다.

"갑자기 이 대통령 생각이 납니다. 이 대통령은 교회 장로입니다. 이 대통령은 대표적인 친미주의자입니다. 이 대통령은 친일파와 손잡았습니다. 이 대통령은 정적을 정치적으로 타살했다는 비난을 듣고 있습니다. 이 대통령은 북한을 자극해 결국 도발하도록 조장한 것 아니냐는 의혹도 사고 있습니다. 이 대통령은 야당을 인정하려 들지 않았습니다. 따라서 정치는 날마다 꼬였습니다. 이 대통령 주변에는 아첨꾼들로 들끓었습니다. 이 대통령은 반정부 시위가 일어나니까 경찰을 앞세워서 가혹하게 탄압했습니다. 이 대통령은 그러다가 권좌에서 쫓겨나게 됩니다. 이 대통령은 해외로 망명하더니 그곳에서 비극적인 최후를 맞게 됩니다. 이 대통령은 결국 국민들의 외면으로 국장이 아닌 가족장으로 쓸쓸하게 세상과 작별하게 됩니다. 여기서 말하는 이 대통령은 이승만 대통령입니다. 현재까지는…"

개편과 함께 나는 잘렸다. 날 자른 부장은 국장이 돼 승승장구 중이다. 이듬해인 2010년, 4.19 50주년 하루 전, 두 명의 남녀 고등학생이 그날을 기념하며 서울시내에서 퍼포먼스를 벌였다. 4.19 때 들었던 '이 대통령은 하야하라'라는 펼침막을 들고. 여기서 말하는 이 대통령도 이승만 대통령이다. 그러나 이명박 대통령 휘하의 경찰은 이들을 붙잡아갔다. 나와 그 두 명의 대학생들은 아마도 같은 생각을 했을 것이다. 이명박 대통령이 "나는 이승만 대통령과 같다" 하고 스스로 선언한 것으로…. 그러니 우리는 이렇게 생각할 수밖에 없다. '이승만 대통령은 이명박 대통령의 미래'라고.

4. '자랑스러운 연세인' 서정갑 선정에 반발한 연세대 동문의 의견광고에 들어 있었던 문장은?

② 쥐새끼가 웅크려 있어 못 들어간다.

서정갑 씨는 고 노무현 전 대통령의 시민분향소를 침탈하고 폭력으로 철거한 주인공이다. 그리고 보수단체 집회에서 노무현 전 대통령 영정을 '전리품'인 양 치켜 들고 자랑했다. 이런 와중에 연세대 총동문회는 2010년 1월 7일 서정갑 씨를 '자랑스러운 연세인상' 수상자로 선정했다. 수상 사유는 "전사자 기록 찾기 운동 등을 통해 한국의 정체성을 지키기 위해 앞장서 왔다"는 것이다.

그러자 일부 연세대 동문들이 〈한겨레〉 1월 11일자에 '서정갑을 혐오스럽게 생각하는 연세인 일동'의 명의로 광고를 실었는데 이 가운데 "쥐구멍으로 숨고 싶지만 쥐새끼가 웅크려 있어 못 들어간다"라는 문장을 넣었다. 여기서 말하는 쥐새끼는 누구일까? 아마 가장 불쾌해 할 당사자이리라. 힌트를 드리자면, 이승만 대통령은 아니다.

5. 가늠쇠 대신 개머리판으로 과녁 조준하는 이명박, 방아쇠를 당기면 병원 어느 과 의사에게 치료를 받을까?

④ 성형외과

이 사진은 이명박 대통령의 '군 미필 인증' 용도로 누리꾼 사이에 널리 알려져 있다. 만약 저 상황에서 방아쇠를 당기면 총의 반동으로 얼굴 부분, 특히 광대뼈가 함몰될 가능성이 매우 높다. 광대뼈 함몰에 관한 치료 및 수술은 성형외과 전문의가 담당한다. 보기 중 항외과는 치질 치료를 담당한다.

생각해보자. 이명박 대통령은 왜 군대를 다녀오지 않았을까? 자서전에서는 "술지게미를 먹을 정도로 가난한 생활 속에서 몸이 망가"졌기 때문이라고 밝혔다. 두 가지 의문이 이 지점에서 발생한다.

당시 병적기록부에는 이명박 후보의 아버지와 형 모두 회사원, 재산은 동산이 5만, 부동산이 50만, 생활형편은 '중'으로 기록된 것으로 밝혀졌다. 당시 이 정도면 서울의 웬만한 중산층이었다. 게다가 1963년 논산훈련소에 입소한 뒤에는 기관지확장증으로 귀가조치된 것으로 나와 있는데, 이런 이명박 대통령이 2년 뒤 여름 정주영 회장과 함께 술 대작을 했을 때 신입사원 28명 중 유일하게 끝까지 남아 잔을 비웠다. 기관지의 부실과 말술, 공존하기 어렵다.

의문은 많지만 확실한 것은 이명박 대통령이 미필이라는 점이다. 아이러니한 것은 군에 다녀오지 않은 이명박 대통령의 지지자들이 천안함 침몰 사건을 계기로 '북한과 전쟁을 벌이자'고 요구하고 있다는 점이다.

6. 박재완 청와대 국정기획수석이 밝힌 '이명박 청와대가 노무현 청와대보다 나은 점'이 아닌 것은?

⑤ 예산을 절감해 혈세를 아꼈다.

2009년 11월 12일, 국회 운영위원회에서 열린 대통령실 국정감사. 안상수 운영위원장 대신 사회를 보던 김정훈 한나라당 의원이 이런 질의를 했다. "지난 정부에 비해서 현 정부의 청와대 대통령실이 '아, 정말 이런 점은 지난 정부(참여정부)에 비해 국민들한테 내세울 만큼 잘한 점이 있다'라고 하면 어떤 게 있습니까?"

박재완 청와대 국정기획수석은 이렇게 답변했다. "행정관들은 새벽 5시에 나서는 사람이 많아졌다. 첫 버스를 타고 출근하는 행정관들이 많고, 격무에 시달리고 있다. 예산을 아끼기 위해 이면지를 적극 활용한다든지 자동차 대신 대중교통을 이용하고, 친환경 경차를 사용한다든지 쌀이 남아돌면 다른 술 대신 막걸리를 마시거나 쌀국수를 먹고, 피가 모자라면 헌혈을 하고, 날씨가 추워지면 내복을 입고…."

그러나 예산을 절감해 혈세를 아끼지는 않은 듯하다. 이명박 대통령 취임 이후 7개월 동안 청와대는 물품구입비로 14억 4,000여만 원을 사용한 것으로 밝혀져 논란이 예상된다. 심지어 커피메이커(158만 원), 공기방울 쌀 씻는 장치(330만 원), 손소독기(146만 원), 우산꽂이(133만 원), 헬스 사이클(280만 원)처럼 당장 필요한 것이 아닌 물품을 구입하는 데도 국민 혈세를 낭비한 것이다.

꼭두새벽 출근해 이면지 쓰고, 내복을 입어 난방비 줄인다며 궁상을 떠는 사이 업무효율성은 바닥이 되고, 돈은 돈대로 마구 갖다 쓰고 말았다. 이런 건 '아둔함'이란 말로 요약된다.

7. '멜라민 어딨어?' 발언 주인공 이명박이 했던 비슷한 실수는?

① 참다래농장에 가서 "미생물 어디 있어? 안 보이네?"라고 한 점.

이명박 대통령은 2009년 7월 31일 오후 경남 고성군 참다래마을을 방문했다. 이 마을은 미생물농법을 도입한 곳이다.

이명박 대통령은 이 자리에서 미생물이 포함된 흙더미를 삽으로 뒤적거리며 "미생물이 어디 있어? 안 보이네. 살아 있어?"라고 물었다. 미생물이 무엇인가. 주로 현미경에서나 볼 수 있는 크기의 생물을 말하는 것이 아니겠는가. 현미경으로 볼 수 있다는 것은 무엇인가. 눈으로는 볼 수 없을 만큼 작은 물체나 물질이기 때문에 그만큼 확대해야만 볼 수 있다는 것이다. 이게 육안으로 "안 보이네" 하고 정색을 하다니 기가 막힐 노릇이다.

그러나 주류 언론은 이런 실언을 외면했다. 외면할 수 있다. 그러나 많은 누리꾼은 이렇게 묻는다. "노무현이 했다면…?" 하고. 이들 주류 언론에게서 일관성을 찾고 싶었던 거다. 그것도 미생물처럼 현미경에서나 볼 수 있겠지만.

8. 참여정부 시절, 대통령 사면에 대한 한나라당 의원의 의견이 아닌 것 고르기

⑤ 국민적 기대와 열망이 반영된 것이다.

① "법치주의의 근간을 흔드는 것으로써 사면권의 남용이요, 법치주의의 파괴라고 하지 않을 수 없다." 전재희 한나라당 정책위의장(2006년 8월 11일) ② "대통령의 사면권을 제한하는 내용의 입법 조치를 추진할 필요가 있다." 권경석 한나라당 사무부총장(2005년 5월 19일) ③ "이제 와서 사면권을 남발한다고 (돌아선 민심을 뜻하는) '엎질러진 물'을 담을 수 있겠는가?" 박진 한나라당 대변인(2004년 1월 19일) ④ "국민 감정을 무시한 채 대통령이 사면 권한을 행사했다." 김무성 한나라당 사무총장(2005년 5월 13일)

대통령의 사면권 남발에 대한 한나라당의 문제의식은 이처럼 아주 투철했다. 그러나 그건 야당일 때 이야기이다. 특별경제가중처벌법상 배임죄와 조세포탈죄라는 중죄를 지었고, 10년에 걸친 수사와 재판을 거쳐 대법원에서 유죄 확정판결을 받은 지 4개월이 조금 지난 이건희 삼성전자 회장에 대해 이명박 대통령이 '단독 사면'을 결정하자 한나라당 의원들은 보기 ⑤와 같은 반응을 보였다. "국민적 기대와 열망이 반영된 것." (조해진 한나라당 대변인, 2009년 12월 29일)

"남이 하면 불륜, 자기가 하면 로맨스"라는 말이 생각난다. 참, 이 말도 한나라당 소속의 박희태 전 대표가 만든 말이다.

9. 이명박의 딸과 손녀의 동반 해외순방에 대한 한나라당 사무총장의 두둔 논리는?

② 가족적인 지도자의 모습을 보이려고.

취임 2주년을 맞아 청와대는 이명박 대통령이 그간 22차례 해외 순방길에 올라 33개 국가, 49개 지역을 비행기를 타고 둘러봤다고 밝혔다. 총 401시간 30분을 비행했으며 비행거리는 31만 6,828km, 지구를 약 8바퀴 돈 거리라고 설명했다. 청와대는 아마 '세일즈하는 경제 대통령'의 면모를 소개하고 싶었던 모양이다.

그런데, 문제는 딸과 손녀까지 동행한 적이 있는 것으로 드러난 것이다. 청와대는 황급했다. 그래서 "민간외교의 일환이었다" "자비로 경비를 부담했다"고 해명했다. 그러나 이명박 대통령의 식솔들은 왜 페루와 스위스 같은 관광 국가만 골라서 민간외교를 할까? 서울시장 시절 이명박 대통령은 아들과 사위가 히딩크 국가대표 감독과 사진을 찍도록 자리를 만들어줘 '공사를 구분 못 한다'는 비난을 산 사례가 있지? 그때가 반추된다.

입길에 오른 청와대의 황당한 홍보논리는 또 있다. 삼국유사 가락국기에 따르면 가야국을 세운 김수로 대왕이 아유타국의 공주 허왕옥과 결혼해 자녀들을 낳았다는 설이 있다. 이걸 근거로, 청와대는 영부인 김윤옥 여사가 김수로 대왕을 시조로 하는 김해 김씨이기 때문에 결과적으로 인도를 순방하는 것이 '할머니 나라를 방문하는 것'이라고 묘사했다. 아버지는 일본에서, 어머니는 인도에서 오셨다니 '민간외교관'인 자손들이 혼란을 느끼지는 않았을까?

10. 인절미, 산낙지, 국밥, 수제비, 어묵, 떡볶이, 쌀국수와 MB의 공통점은?

② 이명박 대통령이 시장에 들러 시식했던 것들

웃는 낯도 그렇지만 먹는 것 가지고 시비를 걸어 타박하면 안 된다. 그러나 특정한 목적을 갖고 먹는 행위라면 해석과 평가를 가할 수 있다. 서민들이 주로 먹는 이런 음식류를 이명박 대통령은 주로 카메라 기자들 앞에서 섭취한다. '서민 대통령'의 이미지를 심겠다는 목적의식이 다분하다. 이명박 대통령은 부자를 위한 정권, 대기업을 위한 정책으로 비난이 거세지고 지지율이 추락할 때면 재래시장을 찾아 중도서민 행보를 한다며 먹어댄다.

실제로 그렇다. 민주당 김효석 의원은 "△부자들에 대한 세금 깎아주기로 부유층은 여유가 생긴 반면 서민들의 삶은 더욱 고달파지고 있다. △대기업은 잘나가고 있는 반면 중소기업은 더 어려워지고 있다. △백화점, 명품관, 골프장에는 돈이 돌고 있는 반면 재래시장, 골목상가, 택시에는 돈이 돌지 않는다" 하며 개탄하기도 했다.

호텔에 가서 1인당 30만 원짜리 상어지느러미찜을 즐겨 먹어도 서민 잘 살게 해주는 정책을 편다면 누가 뭐라 하겠나? '생각 따로 행동 따로'는 웃음거리밖에 안 된다.

11. "'나는 옳고 너는 틀렸다' 이런 이분법이 우리를 초라하게 했다" 이 발언, 누가 했을까?

⑤ 이명박 대통령

"우리는 세상을 너무 쉽게 둘로 갈라 '나는 옳고 너는 틀렸다'고 주장해 왔습니다. 이러한 이분법은 우리의 삶을 메마르고 초라하게 만들어버렸습니다. 중도실용은 우리가 둘로 나누어 보았던 자유와 평등, 민주화와 산업화, 성장과 복지, 민족과 세계를 모두 상생의 가치로 보자는 것입니다."

이 말은 2009년 8월 15일 이명박 대통령의 광복절 축사의 일부이다. 자기와 뜻이 다르면 무조건 좌파라고 규정하는(① 안상수 전 한나라당 원내대표), 남북도 모자라 남남갈등의 선봉장 역할을 하는 (② 조갑제 전 〈월간조선〉 대표), 건건이 법원으로부터 '취소' 판결을 받으면서도 부당한 반대파 적출이 정당하다며 강변하는 (③ 유인촌 문화체육관광부 장관), 불법적 전교조 명단 공개를 중지하라는 법원의 판결마저 정면으로 거역하면서 전교조 '살육'에 맹렬한 의지를 불태우는 (④ 조전혁 한나라당 의원), 이들이 차라리 낫다. 이 사람들은 그래도 자기 뜻과 다른 말은 안 한다.

그런데 이명박 대통령은 그 반대이다. 이분법의 상징인 사람이 이분법을 비판하고 있다. 환경파괴자가 환경운동을 하고 싶어 한다. 법질서를 강조하면서도 상대편으로부터 '전과 14범'이라는 소리를 듣고 있다. 앞서 나온 비유지만, 자기가 하면 불륜이라도 로맨스라는 건가. '나는 옳고 너는 틀렸다' 이런 이분법이 이명박 대통령을 초라하게 한다.

12. 이명박이 '한때 해본 것'이라며 밝힌 것 중 아닌 것은?

정답이 없다.

① 민주화 운동 ② 비정규직 노동자 생활 ③ 뻥튀기 장사 ④ 자살 충동 ⑤ 쌍꺼풀 수술 고민… 안 해본 것이 없다. 특히 쌍꺼풀 수술 부분이 주목된다. 〈일요신문〉 2005년 3월 6일자(668호) 기사였는데, 이명박 대통령이 한때 '못생긴 얼굴' 콤플렉스에 빠져 쌍꺼풀 수술을 하려 했다고 밝혔다는 것이다.

어떤 이야기냐! 태국 공사현장에서 경리를 맡고 있던 1960년에 미모의 현지 여성을 짝사랑하게 됐는데. 자기가 하도 못생겨서 쌍꺼풀 수술을 생각했다는 것이다. 하지만 상대 여성은 이런 말을 했다고 한다. "명박 씨, 당신 얼굴에서 제일 매력적인 것이 맑은 눈이에요."

사실 이명박 대통령은 인생 그 자체가 스펙이다. 도대체 안 해본 게 없다. 언론에 보도된 "한때 내가…" 발언만 모아봐도 노점상, 수영연맹 회장으로서 체육인, 소상공인, 철거민, 회사 수위였다.

시사주간지 〈시사IN〉은 두 전문가의 해석을 담았다. "정신과 전문의 정혜신 씨는, 이명박 대통령이 '세상만사 다 겪었고 부와 명예와 권력까지 거머쥔 자신이기에 '자뻑'에 사로잡힌다. 가난이나 어려움을 공감하는 게 아니라 이를 극복한 자기 스토리에 감격하고 공감한다고 지적한다." "황상민 연세대 교수(심리학)는, '문제는 과거에 경험했던 현실과 지금 현실이 다른데도 과거 경험 틀에 우겨넣어 현재를 해석한다는 점이다'라고 진단한다."

나도 한마디 하련다. "명박 씨, 당신 정신세계에서 우선 수리해야 할 것이 자기 객관화예요."

13. 이명박이 읽었다며 언론에 밝힌 책이 아닌 것은?

⑤ '이명박 리포트'

이명박 대통령의 국회의원 시절 비서관이었던 김유찬 씨가 쓴 것이다. 온통 이명박 대통령을 위선자로 모는 내용이다. 김유찬 씨는 2007년 당시 이명박 대통령 후보 측에 의해 '허위사실 유포죄'로 고소를 당해 검찰 수사를 받고 끝내 대법원으로부터 1년2개월의 실형을 선고받았다. 그리고 2008년 10월 만기 출소해 세상 밖으로 나왔다. 책 발행시점은 대선 전이다. 김유찬 씨는 "이명박 전 시장의 지지율은 노무현 정권에 대한 반작용이지, 그가 만들어놓은 것이 아니다" "이명박 전 시장은 대통령 후보로서 적절치 않다"라며 맹폭을 퍼부었다.

김유찬 씨 주장 중 가장 주목됐던 것은 "(이명박 의원이 자신의 선거법 위반 관련 재판 진행 중에) 주기적으로 허위진술을 교사했다. 이 질문에는 이렇게, 저 질문에는 저렇게 답변해 달라는 식으로 법정진술을 위증하도록 교사를 한 것이다. 위증 대가로 받은 돈은 1억2,500만 원 정도 된다"라고 한 부분이다. 사실일까? 알 수 없다.

한편 이명박 대통령이 이 책을 읽었다고 밝힌 적은 없다. 그러나 안 읽었을까? 몇몇 누리꾼은 "다른 책은 안 보고도 봤다고 할지 모르지만, 이 책만은 반드시 읽었을 것"이라고 추정한다. 이 책은 현재 절판된 상태이다.

14. "MB에게 없는 이것을 만들라" 대통령 실장이 지시한 것은?

③ 철학

관련 기사 내용은 이렇다. "대선을 한 달여 앞둔 어느 날. 류우익 현 대통령실장이 모 교수에게 'MB의 국정운영 철학 프로듀싱'을 요청한다. 전문경영인(CEO) 출신 후보의 '철학 부재'를 메워달라는 '특명'과 함께. ('MB 帝王學' 대선 직전에 뚝딱! 2008. 4월 1일자 〈주간동아〉 629호 참조)

그런데 궁금한 부분이 생겼다. 박재완 청와대 국정기획수석은 2008년 7월에 "KBS 사장은 정부 산하기관장으로서 이명박 정부의 국정철학과 기조를 적극적으로 구현하려는 의지가 있어야 한다"라고 했다. 철학이 없는 대통령의 철학을 구현하는 사장? 이게 무슨 말인가? 좀 더 적극적으로 해석해서, 철학 없는 사람이 KBS 사장이 돼야 한다는 뜻일까? 선거를 앞두고 여당 의원을 집중적으로 띄워주고, 천안함 희생자를 영웅으로 몰며 '추모'를 강요하는 이명박 대통령의 '김비서 방송'인 현 KBS를 보면 수긍이 안 가는 것도 아니다.

15. 다음 보기 중 4개는 한 사람을 풍자한 것이다. 풍자 대상이 다른 것 하나는?

⑤ 우리말을 아름답게 가꾸어 하지만 나는 '이에 XX, 성진 뻔쩍'라고 말한다.

① "BBK는 내가 설립했지만 나와는 상관없는 일이다." : 후보 시절, "주가조작으로 수많은 피해자를 양산한 BBK와 연관돼 있다면 대통령 당선 뒤에도 사퇴하는 식으로 책임지겠다"라고 했던 이명박 대통령이다. 그런데 대선을 며칠 앞두고 "BBK를 설립했다"는 발언을 한 동영상이 공개됐다. 그러자 한나라당 측은 "주어(이명박 대통령을 뜻하는 '나')가 없다"며 둘러댔다.

② "전직 대통령을 제대로 예우하겠지만 전직 대통령과 옷깃만 스치더라도 그 사람을 다 조사하겠다" : 이명박 대통령은 "전직 대통령이 예우받는 전통을 만들겠다"며 당선인 시절 노무현 당시 대통령에게 거듭 약속했다. 취임식 때는 "그동안 수고한 노무현 대통령에게 박수를 달라"는 즉흥 발언도 했다. 그런 노무현 대통령과 그의 지인들, 심지어 자주 가는 삼계탕집 주인까지 이명박 정부하의 검찰로부터 집요한 뒷조사를 당해야 했다. 이게 예우인가.

③ "친환경 녹색성장을 추구하겠지만 그린벨트는 해제한다." : '그린벨트를 해제해 개발사업을 벌리겠다'와 '친환경 녹색사업을 하겠다'는 말이 논리상 공존할 수 있을까?

④ "언론 장악은 절대 할 수 없지만 방송사 사장은 특보가 해야 한다." : KBS와 YTN에 이어 MBC도 그렇게 되고 있다. 이상은 앞뒤 다른 이명

박 대통령의 발언을 비꼰 것이다.

⑤는 유인촌 문화체육관광부 장관을 빗댄 것이다.

16. 이명박이 누구를 빗대 막말 문화 비판했을까?

⑤ 막말과 망신 주기를 남발하는 텔레비전 청소년 프로그램

야당 의원들에게 욕먹고 빈정 상한 마음을 사진 촬영하는 기자에게 욕하면서 푸는(① "XX, 성질 뻗쳐!") 유인촌 문화체육관광부 장관, 이명박 대통령과 사이가 안 좋은 박근혜 전 대표를 상대로 욕했다는 의혹을 산(② "분당?) 어떤 X 좋으라고 그걸 해?") 진수희 한나라당 의원, ③ "대구 경북 X들, 문제 많다!"라고 발언했다는 〈경북일보〉 보도에 발끈한 이동관 청와대 홍보수석까지… 모두 아니다. 대통령 당선에 혁혁한 공을 세운 ④ "네가 퍼먹어, 이 XX야!"라고 한) 국밥집 욕쟁이 할머니 강종순 씨 역시 아니다. 아직 완전하게 장악하지 못한 텔레비전 방송이다. 현 정부는 틈만 나면 연예 오락 프로그램을 시비 걸며 '손보기'에 혈안이다. 아마 '경쟁상대는 압제해야 한다'라는 인식 때문인 것 같다. 웃기는 인간들이다.

그러나 광대 건드려 덕 본 정권은 전혀 없다. 박정희 정권 시절, 코미디언 곽규석 씨가 "그림이 훌륭하니 피카소 것 같다"라고 했다가 정보기관에 불려가 "피카소는 공산당원인데 그걸 알고 이야기한 것 아니냐" 이렇게 추궁당했던 기억이 새롭다. 박정희의 이마에서 '독재자' 낙인이 잘 안 지워지는 이유도 바로 이런 것들 때문이다.

17. 이명박의 IT 관련 발언이 아닌 것은?

② "나도 한때 게임 중독자였다."

정답은, 하도 '내가 한때 뭐 해봤다'라고 해서 그것을 풍자하기 위해 만든 보기였다. 이명박 대통령의 IT 마인드는 제로에 가깝다. 취임 이후 열흘 동안 대통령 집무실의 컴퓨터를 켜지도 못했다는 사실이 밝혀지고, 그 이유 중의 하나가 로그인을 하지 못해서라는 점이 CBS 노컷뉴스를 통해 알려졌지? 이래서일까. "IT산업은 키워봐야 일자리만 줄어든다"(2008년 9월 9일, 대통령과의 대화)라는 언급을 할 정도였다. 이 대통령은 또 그해 12월 22일 정부부처 합동 업무보고 자리에서도 비슷한 발언을 했다. "디지털 정보화 시대로만 묶이다 보면 빈부격차도 줄일 수 없고, 일자리를 창출할 수도 없다"라고 했던 것이다.

그래서 선택한 게 건설업인가? 그러나 건설업도 노동집약적 산업에서 이제는 기술집약적 산업으로 탈바꿈했다. 과거에는 몰라도 지금은 10억 원 투자 시 일자리 얻는 이들이 불과 7~8명에 불과한 종목이 됐다는 이야기다.

따라서 이명박 대통령은 건설지향적이 아니라 과거지향적인 사람이다. 이래놓고는 ③ "트위터에 140자만 입력하다니 너무 적다."(2009년 2월 4일, 지식경제부 직원들과의 오찬) ⑤ "나는 불도저가 아니라 컴퓨터 달린 불도저다."(경선 당시 밝힌 자신의 별명) 등의 터무니없는 발언을 일삼았다. 누가 써준 것을 읽었을 것이다.

한 가지 확실한 사실은, 모자란 대통령이 있으면 일자리가 늘어난다는 점이다. 통역해주랴, 해설해주랴 땀 빼는 3D 노동 분야 말이다.

18. 청계천 상인들이 밝히는 '이주 때 이명박이 꼬드긴 논리'

④ "분양가를 평당 500만~600만 원, 헐값으로 해주겠다."

"새로운 상권을 마련해주겠다"며 청계천 상인을 꼬드겨 서울 송파구 장지동 가든 파이브로 이전시킨 사람은 당시 서울시장 이명박이다. 인도한대로 따라간 상인들은 '속았다'며 분노하고 있다. "현재 1층 상가는 분양가가 2000만 원이 넘고 2~3층의 경우도 1000만 원이 넘어 상인들이 이주하기 벅차다"는 것이다. 이래서 국내 최대 유통단지라는 서울 송파구 문정동의 '가든파이브'는 애물단지로 전락했다. 실태 보도를 한 〈한겨레〉는 사설을 통해 다음과 같이 이명박 책임론을 내세웠다.

"가든파이브의 입지나 규모 등은 처음부터 무리한 것이었다. 가든파이브의 규모는 서울 강남구 삼성동의 코엑스몰보다 6배가 큰 82만㎡이다. 이런 대규모 유통단지를 서울 동남권 귀퉁이에 지어놓고, 서울 한복판인 청계천에서 장사하던 상인들을 불러 모은다는 건 애초부터 비현실적인 구상이었다. 그럴듯한 장밋빛 청사진을 흔들어대며 시작했던 사업이 이 지경에 이른 건 사필귀정이다. 결국 이명박 대통령이 청계천 상인들에게 한 약속은 '부도어음'이 되고 만 셈이다."

나는 그래서 세종시 수정안을 내세우며 온갖 사탕발림을 서슴지 않는 현 정부의 약속을 믿지 않는다. 믿는 사람에게는 "그걸 믿나?" "한 번 속지 두 번 속냐?"라고 되묻는다.

19. MB 및 MB 캠프의 등록금 관련 공약 아닌 것?

정답 없음. 다 했음.

이명박 정권의 사기는 주로 서민이나 대학생 등 약자층에게 집중된다. 자신의 '구라'에 화가 나도 투표장에서는 늘 한나라당을 찍을 거라고 생각하지 않고서는 불가능한 행각이다. '뻥 중의 뻥'은 역시 등록금 반 값 공약("① 등록금을 지금의 반값으로 하겠다")이다.

이명박 대통령이 속한 한나라당의 등록금 관련 발언만 모아봤다. △정 병국 한나라당 홍보기획본부장(현 사무총장), "등록금을 반으로 줄이 는 것이 현실적으로 가능한 일인가? 전문가들의 의견을 들어본 결과 가능한 일이다."(2006. 5. 31, 한나라당 주최 '대학 등록금 부담 반으로 줄이기' 현장토론) △전재희 한나라당 정책위의장(현 이명박 정부 보건 복지부 장관) "한나라당은 서민 부담을 줄이기 위해 학생 등록금을 반 으로 줄이는 반값등록금 정책을 강력 추진할 것이다."(2007. 1. 4, 한 나라당 최고위원회의) △이주호 한나라당 제5정책조정위원장(현 교육 과학기술부 차관) "등록금 부담을 반으로 줄이기 법안을 2월 임시국회 에서 강력 추진하겠다."(2007. 2) △김형오 한나라당 원내대표(현 국회 의장) "반값등록금 법안 등은 표결을 통해서라도 처리하겠다."(2007. 6. 5, 교섭단체 대표연설) △ "등록금은 반값으로, 사교육비는 절반으 로 줄이겠습니다."(2007. 6. 8, 2007 한나라당 복지 교육 분야 정책비 전대회) △이주호 위원장 "대학등록금 부담을 절반으로 줄이기 위한 고등교육법 개정 5대 입법 발표"(2007. 9. 8, 한나라당 주최 '대학등록 금 부담 반으로 줄이기' 토론회) △한나라당 17대 대통령 선거 중앙선

거대책위원회, 산하에 등록금절반인하위원회를 둠. (2007. 10. 10)

어떤가. 이건 지금도 인터넷을 검색하면 쉽게 찾을 수 있는 것들이다. 그런데 이명박 대통령은 취임 후 2008년 9월 9일에 가진 '대통령과의 대화' 자리에서 ② "나는 '등록금 반값'을 약속한 바 없다"면서 말을 뒤집었다. 앞뒤가 다르다. 앞뒤가 다른 것은 또 있다. ③ "등록금 인상이 학생에게 나쁜 영향 미친다"라고 하고는 ④ "등록금 상한제(등록금 인상 제한 정책)를 반대한다"라고 한 것이다. 그것도 같은 날 같은 자리 (2010. 1. 15, 전국 20여 개 주요 대학 총장 간담회)에서 말이다. 결국 아쉬운 사람이 우물을 팔 것이다. ⑤ "등록금이 올라 부담되면 장학금 받으면 되겠네"(2007. 10. 18, 이화여고 강연)라는 말씀을 되새기라는 이야기이다.

참고로 이명박 대통령의 '되겠네' 시리즈를 소개한다. △"미국산 쇠고기 안전이 걱정되면 안 먹으면 되겠네."(2008. 5. 8, 기자간담회) △(폭설 때문에 지각 사태 벌어지자) "눈 오면 지하철 타면 되겠네."(2010. 1. 4, 국무회의) △ "사교육비 부담되면 학원 안 보내면 되겠네."(2010. 1. 20, 농협 하나로클럽 방문) 이런 발언은 마리 앙투아네트를 떠올리게 한다. "빵 없으면 고기 먹으면 된다"라고 했지? 그는 프랑스 국민에게 처형당했다.

20. "등록금 반값 약속 왜 안 지키나" 학생 추궁에 이명박 대신 답한 이경숙, 뭐라 했을까?

③ 등록금 반값이 아니라 가계 부담을 반으로 줄인다는 뜻이었다.

가만 있자, 이게 누구시더라. '오렌지'는 '어린쥐'라고 발음해야 한다던 이경숙 대통령직인수위원장 아닌가? 보기 ②의 경우가 상상되듯, 학생들을 상대로 사찰까지 하셨던 숙명여대 총장이었고. 그런 분이 어느새 '든든학자금'(취업 후 학자금 상환) 제도를 담당하는 한국장학재단의 이사장이 되셔서 그 자리에 나타나신 거네. 이 분이 모처럼 뉴스에 나오신 사연은 이렇다.

2010년 2월 2일, 한국장학재단에서 한 학생이 "왜 공약한 대로 등록금을 반값으로 하지 않느냐"라고 물었다. 이때 이명박 대통령이 "싸면 좋겠지"라며 말끝을 흐렸다. 곤란한 질문 때문에 대통령이 당혹해하자 배석했던 이경숙 이사장이 "제가 설명하겠다"라며 나섰다. 그리고는 "등록금이 아니고 가계 부담을 반으로 줄이겠다는 거였다. 등록금 액수로들 생각하는데, 그것은 아니다"라고 설명했다. 그러자 이명박 대통령은 (보기 ④에서 나오듯) "등록금 싸면 좋겠지. 그런데 너무 싸면 대학교육 질이 떨어지지 않겠냐"고 말했다. ⑤ "우리나라만큼 등록금이 싼 나라가 어디 있느냐?"라는 말을 한 사람은 대학교육협의회 회장이면서, 이명박 대통령의 모교인 고려대학교의 총장인 이기수 교수이다. 2010년 4월 13일 기자간담회에서 한 말이다.

이 정권의 등록금 인하 의지를 계량화하면 '0'이라 하겠다.

21. 이명박 '국밥 CF'에서 나왔던 멘트는?

① 이명박은 밥 먹는 시간도 아깝다고 생각합니다.

가장 나쁜 지도자는 "무식하면서 부지런한 사람"이라고 하지? 이명박 대통령의 취침시간은 4시간으로 알려졌다. 그렇다면 대통령실장이나 수석비서관도 그만큼 잘까? 그보다 직급이 낮은 비서관도 그럴까? 아마 그랬다가는 이 사람들의 조인트를 향해 뭔가가 날아갈지 모른다. '얼리 버드(Early Bird)'가 '얼리 데드(Early Dead)'가 되는 것은 시간문제 아니겠나.

한편 이 국밥 CF를 기획한 이는 대통령 선거 당시 특보였던 김인규 씨로, 이 사람은 훗날 KBS 사장이 된다. 그런데 재미있는 것은 본인도 TV 노출에 몸이 달았다는 점이다. 김인규 사장은 취임 이후, 연탄 나르기, 헌혈행사, 국회 답변, 월드컵 공동중계 추진, 천안함 인양 장병 격려 등 일주일에 한 번꼴로 뉴스에 등장했다. 이를 두고 전국언론노조 KBS본부는 "대통령 후보 홍보를 하다 와서 그런지 본인 홍보에도 비상한 관심을 가지고 있다. KBS 사장 이후 정치권에 투신하려는 것은 아닌지 의심이 든다"고 밝혔다.

22. 〈신동아〉 '조인트' 발언 보도 두고 이명박이 이동관 수석에게 한 말은?

④ 당신은 〈동아일보〉 출신인데, 이런 기사 나가도록 뭐 했나?

어떤 언론사 출신이건 일단 저널리스트가 정치권에 발을 딛게 되면 되돌아가기 힘들다는 점쯤은 인식해야 한다. 또한 불가근불가원 원칙을 지켜야 마땅하다. 그러나 특보 출신들을 지상파 또는 뉴스채널 사장 자리에 착착 앉히는 이명박 대통령에게 이런 도의성은 존재하지 않는다. 이동관 씨가 〈동아일보〉 정치부장이자 논설위원 출신이라면 마땅히 〈동아일보〉에서 우호적인 기사가 나와야 한다는 판단을 한 것이다. 그러면 쥐뿔도 아닌 이동관 씨보다는 김재호 사장 같은 사람을 끌어오는 게 낫지 않았을까? 하여간 이 발언이 〈한겨레〉에 의해 보도됐지만 〈동아일보〉는 잠잠했다.

정상적인 언론이라면 구성원들이 반발했어야 하는 게 상식 아닐까? 오히려 그런 일이 있거나 말거나 이명박 정권을 여전히 낯 뜨겁게 옹호하고 있다. 이래서일까. 참여정부 임기 마지막 해였던 2007년 35억 원으로 정부가 신문사에 발주하는 광고 수주액 순위 5위였던 〈동아일보〉는 새 정부 원년 그리고 두 번째 해에 〈조선일보〉와 〈중앙일보〉를 제치고 1위에 올랐다. 그 청와대에 그 신문사다.

23. MBC 장악 논란 핵심 당사자 김우룡의 학자 시절 글이 아닌 것.

④ 좌파의 방송장악은 불가하지만 우파의 장악은 상관없다.

인터넷신문 〈오마이뉴스〉 블로그에 김우룡 전 위원장의 학자 시절 제자로 보이는 이가 올린 글, 충격이었다. MBC를 장악하기 위해 엄기영 사장에게 수모를 줘가며 내쫓았던, 스스로 'MBC 회장'을 자임하고 자신의 연봉을 1억5000만 원으로 올리려 했던, "큰집에서 MBC 사장 조인트를 까서 좌파 간부 80%를 솎아냈다"는 상식을 의심케 하는 발언을 했다던 이 사람이 소싯적에 이런 개념 찬 글을 썼다니 하는 감회 때문에 말이다. 이런 말이었다.

△"영국 BBC의 경우 초대 총국장인 존리스 경이 정부 간섭을 배제하는 확고한 의지를 가진데다 옥스퍼드와 케임브리지 출신 방송인들이 방송에 대한 열정을 갖고 이를 지켰기 때문에 정치로부터 방송의 중립성을 오늘날까지 유지하고 있다."(〈동아일보〉 '새 민방 무엇이 문제인가' 기획시리즈 1990. 11. 5) △"기구와 인력의 축소로는 방송개혁이 완성될 수 없다. 우선 정치권력으로부터 독립해야 한다. 공정한 보도와 자유로운 논평은 정치적 압력을 물리칠 수 있을 때만 가능하다. 방송의 독립에는 법적·제도적 뒷받침이 있어야 하겠지만, 무엇보다 경영자의 의지와 신념이 더 큰 문제라고 할 수 있다."(〈서울신문〉 기고, 1998. 10. 12) △"KBS가 초일류 공영방송이 되려면 공영적 프로그램을 지금보다 대폭 강화해야 한다. 편성의 독립을 확보해야 한다. 자율적이고 독립된 편성권을 행사하려면 인사의 독립이 선결되어야 한다. 정치적 임명을 받은 자는 그 은혜를 잊지 못한다."(〈문화일보〉 기고, 1998. 9.

17)

비록 본인이 '지키지 못할 말'이었지만, 김우룡 전 위원장의 이러한 대변신을 설명할 수 있는 유일한 답은 ④ "좌파의 방송장악은 불가하지만 우파의 장악은 상관없다"라는 것 아니었을까? 하여간 정답은 아니다.

24. 천안함 침몰 사건 관련, 이명박이 하지 않은 발언은?
④ 백령도 왔으니 꽃게는 먹어주고 가야지.

어딜 가면 항상 시식하는 게 습관이 된 이명박 대통령을 풍자한 답이다. 천안함과 관련해 이미 정부는 침몰 즉시 장병 전원이 참변을 당했을 것이라고 확신하고 있었다. 그런데 마치 생존 가능성이 있는 것인 양 ① "나도 물속에 들어가고 싶다"(2010년 3월 30일, 백령도 천안함 사고현장 방문 시)라고 했다. 게다가 보고가 엉키고, 함미 부분 발견이 늦어지고 아울러 희생자 가족을 비탄에 젖게 만든 해군의 초동 행보를 두고도 ② "해군이 초동대응을 참 잘했다"(3월 28일, 청와대 안보관계장관회의)라며 엉뚱한 치하를 했다. 이래놓고는 ③ "위기 때 최전방을 찾은 국가원수는 내가 처음일 것이다"(3월 30일, 같은 자리)라고 자화자찬하더니, 장병들의 시신이 쏟아져 나오자 ⑤ "장병들에게 명령한다. 푹 쉬어라"고 울먹이며 말했다. 서화숙 〈한국일보〉 편집위원은 2010년 4월 21일자 칼럼에서 "무능한 정부 탓에 숨진 이들에게 휴식을 명령한다는 말장난이 나오는가"라며 일갈했다.

이명박의 천안함 좌충우돌. 군미필의 한계를 드러낸 것인지, 워낙 기만과 사기에 능한 것인지, 아니면 두 가지가 다 복합된 것인지 알 수 없다. 하여간 죽은 사람만 억울하게 됐다.

25. 천안함 사건 관련 안보관계장관회의 참석자를 군 계급으로 재편하면 이명박에게 얼차려를 줄 사람은?

⑤ 김성환 외교안보수석

계급별로 재편하자. 육군 대장인 김태영 국방부장관이 최고참이다. 그 뒤를 중위 출신의 유명환 외교통상부장관과 권태신 국무총리실장이 잇고, 병장인 이동관 홍보수석이 후임병이 된다. 현인택 통일부장관은 상병, 김성환 외교안보수석은 14개월 복무하고 일병 제대했다. 그 다음은 병역 면제자들이다. 이명박 대통령, 정정길 대통령실장, 원세훈 국가정보원장 이렇게 30%이다. 이명박 대통령은 그래도 훈련소에 입소라도 했으니 정정길 실장, 원세훈 원장보다는 사정이 낫다. 이런 체계 속에서 이명박 대통령의 "해군의 초동대응이 훌륭했다"와 "공격 세력이 있다면 단호하게 대처한다" 등을 운운하는 말이 나왔다. 국민들은 불안하다. 개머리판으로 과녁 조준하는 사진을 떠올리게 되니까.

26. 보 없앤 뒤 깨끗해진 울산 태화강 두고 이명박은 뭐라 했을까?

③ 태화강을 4대강의 모델로 삼아야 한다.

태화강의 기적은 1997년부터 추진한 자연생태 복원 사업이 이룬 결과이다. 물론 태화강도 준설을 했다. 그러나 체계적인 연구가 선행된 가운데 부분적으로 했다. 4대강처럼 모든 강을 일률적으로 파고 든 게 아니다. 기적의 요체는 역시 '보 제거'이다. 1987년에 설치된 수중보와 콘크리트 제방 등 인공 시설물을 걷어냈던 것이다. 미국, 일본 등에서는 강을 자연 상태로 되돌리기 위해 200여 년 전에 건설한 크고 작은 보와 댐, 제방 등을 허물고 있다. 그런 의미에서 4대강 살리기 사업은 완전히 거꾸로 가고 있다. 16개나 되는 보를 건설하기 때문이다. 홍보의 부족이 문제인가? 상식의 부족이 문제이다.

27. 4대강 관련 정부의 거짓말 네 가지가 있다. 그중 아닌 것을 한 가지 고른다면?

① 여론을 충분히 수렴한 다음 추진해야 한다.

여론 수렴도 필요할 때만 골라서 하는 이명박 정부다. 이명박 대통령은 세종시 수정안에 한해 "국민 여론을 충분히 수렴해야 한다"는 입장이었다. 그러나 세종시 수정안의 직접적인 당사자는 충청도민과 수도권 주민이다. 그런데 전국 단위의 여론을 듣겠다는 논리다. 여론 수렴으로 그치는 게 아니라 친여 인사들 입에서는 '국민 투표' 얘기도 거론됐다. 그러나 제주도를 제외한 거의 모든 지역과 무관하지 않은 4대강 사업에 대해서는 "반드시 꼭 해야 할 사업"이라는 강변을 앞세우며 여론 수렴 없이 일방적으로 밀어붙이고 있다. 이런 이중 잣대의 배경은 삼척동자도 안다. 각종 조사 결과 4대강 반대 의견이 더 많은 것으로 나타나고 있기 때문이다.

그러다 보니 이명박 정부는 거짓말을 해서라도 국민 여론을 돌이키기 위해 힘썼다. 나머지 보기(② "우리는 UN이 정한 물 부족 국가이다." (국토해양부 블로그) ③ "5급수 낙동강 하류는 자연습지, 철새, 물고기 가 전무하다." (국토해양부 홍보 동영상) ④ "수질탐사 '물고기 로봇'으 로 수질오염을 방지하겠다." (2009년 11월 27일, 이명박 대통령 '대통령 과의 대화') ⑤ "시화호의 물을 가둬도 수질이 개선됐다." (같은 자리)) 가 그렇다.

28. 4대강 사업으로 수몰될 위기에 놓인 문화재가 아닌 것.

② 덕실마을 전역

덕실마을은 이명박 대통령의 생가가 있는 곳이다. 물론 이곳은 4대강 사업 예정지가 아니다. 또 감히 그럴 수도 없을 것이다. 그렇다면 나머 지 보기의 지역들은 홀대돼도 될까. 영주댐 건설로 인해 국가 지정문 화재인 영주시 이산면 두월리 ①괴헌고택(연안 김씨 살림집·중요민 속자료 제262호), 천연기념물 473호인 ③안동 하회마을 만송정 숲, 천 연기념물 50호인 ④한강하류 재두루미 도래지, 조선시대 제방으로서 돌과 흙을 사용해 쌓은 ⑤토석혼축 제방 말이다. 지난해 12월 4대강 주 변에 ③과 ④ 같은 지정문화재 94건, 매장돼 있거나 지정되지 않은 문 화재 149건 등 총 243건의 문화재가 있다는 사실이 일부 언론을 통해 밝혀졌다. 그러나 4대강 사업이 '선택이 아닌 필수'라며 밀어붙이기에 급급한 이명박 대통령에게 이런 것들이 고려 대상이 될까?

만약 다음 대의 대통령이 개발을 위해 덕실마을을 수몰해야 한다면 이명박 대통령은 어떤 반응을 보일까? 자신의 흔적이 소중하듯, 누군가의 흔적도 역시 소중하다.

29. 세종시와 관련해 '정치인이 한 발언 및 행동'이 바르게 이어지지 않은 것은?

⑤ 정운찬, "수정안 가결되면 세종시에서 삼겹살 굽겠다" 약속

지난 2002년 대선 당시 노무현 민주당 후보는 수도 이전을 대선 공약으로 제시했고, 노무현 후보는 당선된 지 1년 뒤인 2003년 12월 29일 세종시 건설을 위한 '신행정수도의 건설을 위한 특별조치법안'을 제출해 통과시켰다. 당시 의석 분포는 ▲한나라당 149석 ▲민주당 60석 ▲열린우리당 47석 ▲자민련 10석 등이었다. 당시 재적의원은 272석으로, 한나라당은 과반 이상을 차지하고 있던 거대 야당이었다. 찬성 167인 중 한나라당 소속 의원이 무려 81명이나 됐다. 이명박 대통령의 친형 이상득 의원도 찬성표를 던졌다. 뿐만 아니라 '행정개혁 · 지방분권 특별위원장'을 맡아 수도이전법에 반발하던 당내 의원들을 설득하고 의견 수렴을 총괄하며 수도이전법 통과를 주도했다. ①은 그래서 바르다.

"세종시 문제는 처음부터 잘못 꿰어진 단추였다는 것을 모르는 사람이 없다." 세종시 원안을 맹비난한 김영삼 전 대통령은 1992년 대선 후보

시절, 수도권 비대화를 막기 위한 국가균형발전계획의 일환으로 '제2 행정수도' 공약을 발표했다. "집권하면 11개 중앙행정기관을 대전으로 이전해 대전을 제2의 행정수도로 만들겠다"고 약속했던 것이다. 세종 시 원안은 9부 2처 2청의 이전이었지? 자기가 비난한 사업이 애초 자신이 하기로 한 사업보다 적은 규모였다. 그래서 ②도 바르다.

2004년 초 보수단체들은 국회를 통과한 '수도이전법'에 대해 헌법재판소에 헌법소원을 제기했다. 헌재는 2004년 10월 '관습헌법'이라는 희한한 논리를 앞세워 신행정수도건설특별법에 위헌 판결을 내렸다. 국회는 이에 헌재 판결을 받아들여 2004년 12월 8일 '신행정수도의 건설을 위한 특별조치법 위헌 결정 후속대책 및 지역균형발전특별위원회 구성결의안'을 투표의원 204인 중 165인의 찬성으로 통과시켰다. 이상득, 진수희, 정병국, 전여옥 의원은 이때 찬성표를 던졌다. ④도 바르다.

이명박 대통령은 "내가 대통령이 되면 행정도시를 안 만든다고 하던데, 이건 모략이다"라는 발언을 한 바 있다. 이것 외에도 대선기간부터 당선된 후까지 15차례 세종시 원안추진을 약속했다고 야당은 목소리를 높였다.

30. 주호영 장관 "한나라당 대변인은 MB가 세종시 관련 (   )라고 말했다고 한다." 괄호 안에 들어갈 말은?

④ '더 나은 명품 도시를 만들겠다'고 했지 '원안대로 하겠다'는 말은 안 했다.

2009년 11월 15일자 〈중앙선데이〉에 나온 주호영 특임장관의 발언을 곱씹어보면, 뻔히 했던 약속도 가당치 않은 논리로 부인하는 이명박 대통령의 상습적 트릭을 읽을 수 있다. 정말 '원안대로 하겠다'는 말을 안 했을까? 야당이 지적한 15번의 약속을 다 모아본다.

△행정도시는 이미 시작됐기 때문에 (대통령이 돼도) 변경할 계획이 없다.(2006년 12월 13일 충북대 특강) △(충남 연기·공주에 건설 예정인) 행정중심복합도시는 계획대로 될 것이다. 그것만으론 안 되고 새로운 시설이 들어와서 실질적으로 충청권 경제에 도움이 되는 것으로 좀 더 확대하는 계획을 갖고 있다. (2007년, 청주불교방송과의 인터뷰) △행정도시 건설은 예정대로 진행될 것이다. 그런 걱정 안 해도 된다. (2007년 3월 6일 한나라당 대전시당 방문 시) △중도에 계획을 바꾸는 것은 옳지 않다. 행복도시를 행정기능과 함께 과학, 산업, 문화 등의 기반시설을 함께하는 자족능력을 갖춘 도시로 육성할 것이다. (2007년 8월 2일 대전역과 오송역 방문 시) △대통령이 되면 행정중심복합도시 건설을 변함없이 추진하겠다. 국제과학기업도시를 함께 건설하겠다. (2007년 8월 7일, 경선을 앞두고 대전일보와 서면 인터뷰) △행정도시 건설은 계획대로 잘 진행돼야 한다. (2007년 9월 12일 행정도시건설청 방문 시) △행정도시 기능에다 과학기술, 교육, 산업, 문화기반

시설을 갖춘 명품도시로 만들겠다. (2007년 10월 26일 천안 국민성공대장정 대전·충남대회) △제가 대통령이 되면 행복도시가 안될 거라고 하지만, 저는 약속을 반드시 지키는 사람이다. (2007년 11월 27일 대전 유세 시) △여권(노무현 정권)에서 '이명박이 (당선)되면 행복도시는 없다'는 말로 나를 모략하고 있으나 난 한 번 약속하면 반드시 지킨다. 대통령이 되면 행복도시 건설은 정책의 일관성 측면에서 예정대로 추진할 것임을 분명히 밝힌다. 이명박표 세종시, 첨단 명품도시가 되도록 혼신의 노력을 하겠다. (2007년 11월 28일 행정도시 건설청 방문) △행정중심복합도시의 변함없는 추진과 함께 행정도시, 대덕연구개발특구, 오송생명과학단지를 '과학도시 트라이앵글'이라며 이 지역에 '국제과학비지니스 벨트'를 건설해 한국의 미래를 이끌어 가는 심장부 역할을 할 수 있도록 하겠다. (2007년 12월 4일, 대전일보와의 서면 인터뷰) △계획이 잘 되고 있고 기존 계획대로 추진하는 데 적극적 도움을 줄 것. 행정복합도시, 기존 계획보다 확대할 것. 행정중심복합도시의 차질 없는 추진 약속. (2007년 12월 7일 충남도청 기자회견) △내가 행정도시 건설청장과 본부장을 바꾸지 않는 것은 행정도시의 지속적인 추진을 말하는 것이다. 계획대로 추진할 것이다. (2008년 3월 20일 충남도 업무보고) △부처 통폐합 때문에 몇 개 부처가 줄어들 수는 있지만, 기본적으로는 변함이 없다. (2008년 5월 2일 충남도 업무보고) △(정부부처 이전고시 변경고시를 촉구하는 민주당 정세균 대표에게) '그것은 시간문제니 곧 하겠다'고 발언. (2008년 9월 25일 여야 영수회담) △당초 계획대로 현재 진행 중이고, 나도 정부 마음대로 취소하고 변경할

수는 없다고 생각한다. (2009년 6월 20일 청와대 여야 대표 회동)

이처럼 세종시 원안 고수 입장이 분명하다. 오해의 여지가 전무하다. 결국 이명박 대통령은 '약속 뒤집기에 대한 사과'를 2009년 11월 27일 '대통령과의 대화'에서 했다. 우호적인 언론의 '대통령의 손해를 감수한 결단'이라는 지원사격을 받으며 말이다. 말 한마디로 8조가 넘는 사업의 향배가 흔들렸는데도 이명박 대통령이 본 손해는 크지 않은 것 같다. 언론 장악의 덕이다.

31. 이명박이 밝히는 '아이리스' 시청 이유

청계천이 나와서

이명박 대통령에게 청계천은 '경제 대통령' '할 일을 하는 지도자'라는 이미지를 국민에게 깊게 심어준 상징이다. 또한 이명박 대통령은 4대강 사업의 당위성을 '청계천 성공'에서 찾고 있다. 이명박 대통령은 2007년 11월 10일 극동방송 '만나고 싶은 사람 듣고 싶은 이야기'에 출연해 "청계천이 완전 생태공원으로 탈바꿈했다"고 주장했다. 그런 완전 생태공원은 완공 후 다섯 달 만에 누수가 일어나고, 녹조가 발생하고, 빗방울이 굵어질라 치면 사람들의 출입이 통제되고, 완공된 지 5년도 되지 않은 요즘엔 지반 침하로 보도가 갈라지고 있다. 이걸 만들려고 내몰린 상인들은 대안으로 찾아간 가든파이브의 높은 분양가에 좌절한 채 '사기극'이라며 분루를 삼키고 있다.

다 덮어주자. 그러나 이 청계천을 유지·관리하는 데 들어가는 비용이 한 달 평균 6억 원에 육박한다. 청계천 유지관리비는 2005년 37억

8,200만 원(준공한 10월 이후 3개월간)을 시작으로 2006년 67억 6,900만 원, 2007년 72억 2,900만 원, 2008년 79억 8,000만 원으로 해마다 증가하고 있다. 준설을 해도 퇴적이 계속 이뤄져 결국 비용이 추가 발생하게 될 4대강의 관리비는 어느 정도일까.

32. "당내 계파 갈등설 □□", "친 재벌, 친 부자? □□", "부자감세? □□"의 □□는 무엇?

오해

이명박 대통령은 2009년 5월 6일경 '아라뱃길 사업현장 보고회'에서 "4면의 바다를 갖고 있는 대한민국이 바다를 제대로 활용하지 못한 것은 우리 역사의 과오"라고 말했다. 대한민국은 섬나라가 아닌 반도 국가라 북한이 바다 속으로 잠기지 않는 이상 4면의 바다를 가질 수 없다. 실언을 한 거다. 이를 두고 김어준 〈딴지일보〉 총수는 "동해, 서해, 남해 말고 '오해'라는 바다가 있다는 점을 강조한 것"이라고 너스레를 떨었다. 조금만 구설수에 오를 것 같으면 '(듣는 이의) 오해'라고 단정해버린다. 이 정권의 유일무이한 구설수 극복 대책이다.

이렇게 편리할 수가! 참여정부 당시 노무현 정부의 온갖 해명과 반박에도 전혀 들은 척하지 않고 의혹을 진실인 양 오도하던 그 수많은 언론들은 이명박 정부의 '오해' 이 한마디에 모든 문제를 덮어버린다. 그러더니 요즘에는 '오해'라는 답을 들을 의혹은 아예 보도조차 하지 않는다. 그러고도 저널리스트라고 떠들고 다닐 수 있을까?

33. 다음 그림을 보고 이명박 대통령에게 낚인 물고기와 정운찬 국무총리의 공통점을 200자 이내로 논술하시오.

(이명박 대통령에 의해 낚였다는 점)

정운찬 국무총리는 인사 청문회 과정에서 심하게 망가졌다. 기본 덕목이라고 대중이 이해했던 '도덕성'이 허물어졌기 때문이다. 병역 면제 의혹, 위장전입, 소득세 탈루, 논문 중복 게재에다 금품수수 의혹까지 어느 항목 하나 예사로 넘길 수 없는 '악성 의혹'들을 남겼다. "서울대 총장까지 지내고 대권을 꿈꾸는 사람이 저렇게 개념 없이 자기관리를 했을까?" 의심한 사람들이 많았다.

이와 관련 주간신문인 〈일요신문〉은 2009년 10월 4일자(907호) "여권 '정운찬 무용론' 막후" 기사에서 한나라당의 한 재선 의원의 말을 옮겼다. 상이한 철학적 기반을 가진 이명박 대통령의 총리직 제안을 왜 정운찬 교수는 덥석 받아들였을까. 한나라당 의원의 발언은 모든 것을 설명하고도 남음이 있다. 이런 말이었다.

"그가 노무현 정권에서 발탁이 되지 않았던 것은 병역문제 등의 인사 검증과정에서 많은 문제점이 나왔기 때문인 것 같다. 하지만 정 후보자는 이명박 정권이 출범하면서 상대적으로 흠이 있더라도 정부 요직에 발탁된 사람들을 보면서 이번 총리 내정에 응했을 가능성이 있다."

[채점 결과]

〈90점 이상〉

– 현 정국을 통찰하는 상황 해석 능력을 갖추고 있습니다.

〈80점 이상〉

– 나름 직관력으로 이명박 정권의 난맥상을 보고 있으나, 그뿐입니다. 날마다 스트레스에 찌들 텐데 어떻게 남은 세월 견디시겠어요? 비웃기라도 해야 합니다.

– 90점 이상 올라가기 비법 : 이 책을 열 번 읽으세요.

〈70점 이상〉

– 집권세력의 문제점을 알고 있기는 하나 막연한 인상비평 수준에 그칩니다. (예: MB가 못 생겨서 싫다, 정치판이 짜증난다 등) 이래서는 또 당합니다.

– 80점 이상 올라가기 비법 : 시사주간지(한겨레21, 시사IN, 위클리경향 등)를 꼼꼼히 읽어본다.

〈60점 이상〉

– 불만이 없지 않지만, 국민에게 해로운 것을 줄리 없다며, 이명박 대통령의 진정성을 믿습니다. 이명박 대통령에 대한 비판세력에게 맹목성이 있다고도 봅니다.

– 70점 이상 올라가기 비법 : 조중동 끊기.

〈50점 이상〉

– 현 대통령 이름이 이명박이라는 사실 정도는 아시겠죠?

***수고하셨습니다!